LES PROSCRITS

REPROSCRITS.

SOUS PRESSE.

Le Code d'instruction criminelle en harmonie avec la charte et l'humanité, par M. Carnot, membre de la cour de Cassation, chevalier de la légion d'honneur, seconde édition, 1 vol. in-8°.

LES PROSCRITS
REPROSCRITS

OU

DE L'ORDRE DU JOUR
DU 17 MAI 1819.

PAR UN AMI DE LA MONARCHIE,

SELON LA CHARTE.

« On peut contester la justice ou la convenance d'une
« loi pénale : on peut en solliciter le changement. »

Disc. de M. le garde des sceaux, dans la chambre des députés, le 22 mars 1819.

A PARIS,

Chez PLANCHER, libraire, éditeur du Cours de politique constitutionnelle, par M. Benjamin-Constant, et des Mémoires de Joséphine, impératrice des Français, rue Poupée, n° 7.

1820.

INTRODUCTION.

Ce n'est pas la cause des *proscrits* que nous venons défendre; mais la cause *de la société tout entière*, qui s'alarme de voir ses plus chers intérêts compromis par la violation du parte social.

La Charte et le Roi sont, pour tous les vrais Français, un tout indivisible, qu'ils se plaisent à confondre dans leur respect et dans leur amour.

La France veut ce que le Roi lui-même a voulu, ce que sa majesté veut encore, puisqu'à la dernière rentrée des chambres, le roi proclama hautement, *qu'à la Charte étaient inséparablement liées les destinées de son peuple et celles de sa famille*.

Comment donc arrive-t-il que l'on soit

divisé sur le point de savoir si la Charte doit être exécutée ?

Les intérêts moraux des peuples et des Rois se concentrent dans une même soumission aux constitutions de l'état ; les intérêts *privés* ne peuvent *dominer* les intérêts *généraux* de la société.

Ceux qui ont dans leurs mains, le gouvernement des états, disait le sage Fénélon à son élève roi, *doivent toujours se laisser gouverner par les lois* ; et lorsque les rois eux-mêmes doivent se soumettre aux lois, comment voudrait-on que l'on pût impunément les violer, pour favoriser les intérêts ou les passions de quelques individus ?

La Charte qui fut octroyée et jurée par le Roi, à laquelle les princes et les chambres prêtèrent le serment d'être fidèles, que le peuple reçut avec reconnaissance et qu'il exécuta de bonne foi, fut plutôt une *transaction politique* qu'un acte du propre mouvement ; *elle commanda l'oubli du passé* pour *établir le présent*, et pouvoir se *promettre un avenir.* Si elle avait été fidèlement exécutée, la France n'aurait pas eu à gémir sur les événemens déplorables du 20 mars. Plus la leçon a été forte, plus il importe de se précautionner contre de nouveaux déchiremens.

Cet écrit est divisé en trois parties :

Dans la première, on trouve l'analyse et la réfutation des discours qui furent prononcés, dans la chambre des députés le 17 mai 1819.

Dans la seconde, on fait connaître ce qui se passa dans la séance de la même chambre, le 19 juin.

Dans la troisième, on répond aux objections qui ont été faites, hors de la chambre, à l'appui de l'ordre du jour du 17 mai.

L'ouvrage est terminé par un résumé aussi succinct que la matière peut le permettre.

DES

PROSCRITS-REPROSCRITS,

OU

DE L'ORDRE DU JOUR DU 17 MAI 1819.

PREMIÈRE PARTIE.

Analyse et réfutation des discours qui furent prononcés par MM. Cotton et de Serre, dans la séance de la chambre des députés, le 17 mai 1819.

La déclaration que fit sa majesté dans la séance royale du 29 novembre 1819, *qu'à la Charte sont inséparablement liées les destinées de son peuple et de sa famille*, impose le devoir à tous les Français de s'y rallier, et, par une suite nécessaire, de s'opposer, par tous les moyens qui sont en leur pouvoir, à ce qu'il n'y soit porté aucune atteinte ; car qui veut la fin veut les moyens ; et puisque le bonheur du peuple et la conservation du trône tiennent essentiellement à l'exécution de la Charte, il faut bien, ou que l'on se déclare l'ennemi du peuple et du trône, ou que l'on fasse tous ses efforts pour arrêter la main sacrilége qui oserait tenter de violer la Charte : rester simple spectateur du combat, lorsqu'il est question d'un aussi grand intérêt, ce ne serait pas avoir un cœur vraiment français. Ne redoutons donc pas, félicitons-nous au contraire d'avoir à défendre une aussi noble cause; et puisqu'il est démontré que la loi du 12 janvier 1816 viole ouvertement les principales dispositions de la Charte, ne négligeons rien pour faire passer dans l'esprit de nos lecteurs la même conviction dont nous sommes pénétrés.

Pour bien juger les événemens du 20 mars 1815, il faudrait remonter aux causes dont ces événemens furent l'inévitable résultat; mais nous devons laisser à l'histoire le soin de dévoiler ce mystère d'iniquités; elle saura mettre les hommes et les choses à leur véritable place. Ce qu'il suffit de savoir quant à présent, c'est que *la grande majorité* des Français, trouvait ALORS *dans la Charte*, comme elle y trouve encore AUJOURD'HUI une garantie suffisante de ses droits et de sa tranquillité future; d'où suit, qu'elle ne pouvait désirer *aucun changement* dans le gouvernement établi; mais qu'il n'en était pas de même de cette classe d'individus, qui, sourds à la voix de la nécessité, ne rêvaient *alors*, comme ils ne rêvent encore *aujourd'hui* que le rétablissement des anciens abus.

Cette minorité ne voulait pas, sans doute, que le changement qu'elle préparait, s'opérât par l'intervention de Bonaparte ; mais les moyens qu'elle employait devaient nécessairement favoriser son audacieuse et téméraire entreprise.

Il n'est pas un *Français* qui ne connaisse les dispositions de l'article 11 de la Charte, ainsi conçu : *Toutes recherches des opinions et votes émis jusqu'à la restauration, sont* INTERDITES *; le même* OUBLI *est* COMMANDÉ *aux tribunaux et aux citoyens* ; et il n'en était *aucun* qui n'eût besoin d'être ainsi rassuré sur son existence future, sous un rapport ou sous un autre.

Mais ce que quelques personnes peuvent ne pas se rappeler aussi bien, et ce dont il importe qu'elles se souviennent, ce sont les termes dans lesquels sa majesté s'exprima, dans la séance royale du 4 juin 1814, en présentant la Charte aux chambres assemblées.

« Sûrs de nos intentions, dit sa majesté, « forts de notre conscience, nous nous en-« gageons devant l'assemblée qui nous écoute, « *à être fidèles à cette Charte constitution-*

« *nelle* ; nous réservant d'en jurer le « maintien, *avec une solennité nouvelle*, de-« vant les autels de celui qui pèse dans la « même balance *les rois et les nations.* »

Le même serment fut répété par les membres des deux chambres; et dès ce moment, la Charte devint la loi fondamentale de l'état (1).

Dans la séance royale du 16 mars 1815, sa majesté, parlant de Bonaparte, dont le débarquement venait de s'opérer, s'expliquait ainsi : « Il vient *détruire cette Charte que je vous ai donnée*, cette Charte constitutionnelle, *mon plus beau titre aux yeux de la*

---

(1) On a prétendu que les chambres n'avaient pas reçu de mandat *spécial* d'accepter la Charte, et de lier le peuple par leur acceptation ; mais le mandat qui leur avait été donné les autorisait-il *plus spécialement* à se constituer en tribunal pour juger les proscrits? Si les chambres ne purent valablement accepter la Charte, au nom du peuple, à défaut d'un mandat spécial, elles purent encore moins valablement s'établir les juges de leurs concitoyens, sans en avoir reçu le mandat. Le peuple, d'ailleurs, n'a-t-il pas ratifié l'acceptation de la Charte, faite en son nom, en l'exécutant volontairement et sans réclamations, lorsque au contraire il n'y a eu qu'une voix en France contre la loi de proscription que les chambres ont prononcée? La Charte, au demeurant, n'aurait pas été acceptée par le peuple,

postérité; cette Charte *que* TOUS LES BONS FRANÇAIS CHÉRISSENT, *et que* JE JURE ICI DE MAINTENIR. »

Dans la même séance, MONSIEUR, tant en son nom qu'en celui des princes ses fils, dit : « *Nous jurons sur l'honneur, de vivre et de* « *mourir fidèles à notre Roi* ET A LA CHARTE « CONSTITUTIONNELLE, qui assure le bon- « heur des Français. »

Les membres des deux chambres renouvelèrent le même serment, et ils l'ont renouvelé depuis à la rentrée de chaque session.

Il ne fut mis *aucune restriction* à leurs sermens ni par le Roi, ni par les princes, ni par aucun des membres de l'une et de l'autre chambre; et il en aurait été mis, que ce n'au-

---

que son *article* 11 n'en aurait pas moins été *obligatoire;* car le Roi n'avait pas besoin du concours des chambres ni du peuple pour prononcer l'*amnistie* que renferme cet article, le droit d'amnistier dérivant nécessairement du droit de faire *grâce*, et ce droit étant inhérent à la couronne. L'article 11 devait donc, sous tous les points de vue, recevoir sa pleine et entière exécution; car le Roi *n'a jamais rien promis en vain*; et non seulement sa majesté, mais les princes de sa famille et les chambres avaient solennellement juré, sans y mettre aucune restriction, d'être fidèles à la Charte, conséquemment de maintenir et de faire exécuter cet article 11, qui en faisait une partie intégrante.

rait pas été certainement sur l'article 11, qui n'était qu'une *transaction politique* entre le *passé et le présent*, pour assurer l'*avenir*.

Si nous nous reportons, en effet, par la pensée, au mois d'avril 1814, qui fut l'époque de la première restauration, nous voyons, jusqu'au dernier degré d'évidence, qu'elle ne put être amenée, *sans commotion politique*, que par le fait d'une *amnistie générale*.

Un *gouvernement provisoire* fut établi le 1er avril, par un décret du sénat.

Le 3, la déchéance de Bonaparte fut prononcée par la même autorité, d'après ces considérations que, *dans une monarchie constitutionnelle*, le monarque n'existe *qu'en vertu de la constitution et du pacte social*; et que Bonaparte avait *déchiré le pacte* qui l'unissait au peuple français.

On lit dans cet acte du sénat: « que, le « vœu de tous les Français appelle *un autre* « *ordre de choses*, dont le premier résultat « soit le rétablissement de la paix générale, « et qui soit aussi l'époque d'une *réconcilia-* « *tion solennelle*. »

Le 6, le sénat délibérant de nouveau sur une proposition du gouvernement provisoire décréta que: « le *peuple français* appelle *libre-* « *ment* au trône Louis-Stanislas-Xavier de

« France, frère du dernier roi, et après lui, « les autres membres de la maison de Bourbon, dans l'ordre ancien. »

Cet acte qui était *indivisible* de sa nature, portait, article 25, *qu'aucun Français ne pourrait être recherché pour ses opinions et votes qu'il avait pu émettre.*

Par suite de son acte du 6, le sénat déféra le titre de *lieutenant-général du royaume*, à son altesse royale Monsieur, premier prince du sang.

Son altesse royale accepta, et le même jour elle fit une proclamation dans laquelle elle déclara *qu'aucun individu ne pourrait être inquiété pour ses opinions et votes.*

Le prince ajouta : qu'il ne pouvait plus y avoir en France qu'un sentiment; *qu'il ne fallait plus rappeler le passé*; que nous ne devions plus faire *qu'un peuple de frères.*

Sa majesté fit de même une proclamation, dans laquelle se retrouve *identiquement* la disposition de l'article 25 de l'acte du sénat du 6 avril.

L'article 11 de la Charte ne fut dès lors qu'une confirmation du *contrat* qui avait été passé entre le peuple et le Roi; cet article fut plus qu'une *amnistie*, ce fut *une transaction politique*, qui dut nécessairement recevoir sa pleine et entière exécution.

Tenons donc pour bien constant qu'il a été *interdit*, de la manière la plus expresse et par les actes *les plus solennels*, de faire aucune recherche *des opinions et votes émis avant la première restauration* : et cela posé, nous pouvons dire déjà, qu'il y a nécessité de rapporter l'article 7 de la loi du 12 janvier 1816, puisque cet article viole de la manière la plus formelle, l'article 11 de la Charte, qui couvrait les proscrits d'un voile *absolu*.

Nous devons ajouter, que lors même que l'on ferait abstraction de l'article 11 de la Charte, il suffirait de son article 4 pour établir cette nécessité, l'article 7 de la loi citée, ayant prononcé la condamnation de français, sans les avoir entendus ni même appelés, et sans avoir observé, à leur égard, aucune des formalités prescrites par la loi.

Cet article 7 porte que : « ceux des votans (1)

---

(1) Cette qualification de *votans* n'est pas celle que *la loi* du 12 janvier a donné aux proscrits ; mais celle *de la Charte*, qui est *la loi suprême*, et qui n'a pas permis que, par des qualifications qui sont toujours le résultat de l'animosité ou de la haine, il restât des semences de discorde parmi les citoyens.

« qui ont accepté l'acte additionnel ou des « fonctions de l'usurpateur, sont exclus à « perpétuité du royaume. »

Ce fut évidemment le *vote* que ces individus avaient émis, qui détermina leur proscription, puisqu'*aucun* des autres français qui avaient accepté l'acte additionnel ou des fonctions de Bonaparte, ne furent inquiétés à ce sujet; et ce vote remontait à plus de vingt ans *avant* la première restauration, de sorte qu'il y en aurait eu même *prescription acquise* aux termes des lois *existantes* que la Charte a formellement *maintenues* par son article 68; d'où suit que l'article 7 de la loi du 12 janvier 1816, a non seulement violé l'article 11 de la Charte, mais qu'il a pareillement violé son art. 68, et de plus encore son art. 4 ainsi conçu: « La liberté individuelle *de tous les français* est garantie, *personne* ne pouvant être poursuivi ni arrêté que *dans les cas prévus par la loi, et dans les formes qu'elle prescrit*; le *cas*, en effet, sur lequel fut fondé l'article 7 de la loi du 12 janvier, *n'avait été prévu* par aucune loi; il en avait même été *formellement excepté*; et il n'avait été observé *aucune des formalités prescrites* (1).

(1) Ce ne sont pas les seuls articles de la Charte qui

Aussi, tous les Français attachés à la Charte et au Roi, qui ne voient la stabilité du trône et la garantie des droits de tous, que dans la stricte observation du pacte social, ont-ils manifesté le même sentiment, et se sont-ils réunis de fait et d'intention pour demander le rapport de l'article 7 de la loi du 12 janvier.

L'opinion publique ne s'est pas simplement manifestée par l'organe des simples citoyens, elle a percé jusque dans le sein des premières autorités. Sans remonter à ce que disait M. le garde des sceaux lui-même, dans une des séances de la chambre des députés, sur l'empire des circonstances qui avaient si fortement pesé sur la convention nationale, qu'il n'en fut, peut-être, *jamais* de plus critiques; n'a-t-on pas vu la chambre des pairs elle-même, sans se livrer à aucune discussion préalable et sans hésitation, faire le renvoi au président du conseil des ministres,

---

aient été violés par l'article 7 de la loi du 12 janvier 1816. La récapitulation des articles violés par cet article 7, se trouve aux pages 101 et 102 d'un petit traité, imprimé en 1819, sous ce titre, *le Code d'Instruction criminelle et le Code pénal, mis en harmonie avec la Charte, la morale publique, les principes de la raison, de la justice et de l'humanité*. Cet ouvrage se vend chez Plancher, libraire, rue Poupée n° 7.

des pétitions qui lui avaient été adressées, tendantes au rapport des articles inconstitutionnels de la loi du 12 janvier (1)? N'a-t-on pas vu tout Paris applaudir à M. l'avocat-général

---

(1) La chambre des pairs, il est vrai, ayant eu à se prononcer de nouveau, dans sa séance du 28 décembre, sur une pétition qui tendait au même but, a non-seulement passé à l'ordre du jour, mais ordonné, que la pétition serait *lacérée*; qu'il *ne serait plus fait désormais de rapport* sur de semblables pétitions. Mais ces actes de rigueur ne peuvent détruire la conséquence du renvoi que la chambre avait fait précédemment des pétitions de même nature, au président du conseil des ministres. La chambre des pairs se serait-elle cru, le 28 décembre, liée par l'ordre du jour du 17 mai? Aurait-elle ajouté foi pleine et entière au fameux *jamais* de M. de Serre? La Charte réfutait suffisamment et cet ordre du jour et ce sinistre *jamais*. Ce qu'il y aurait donc de plus probable, si le pétitionnaire n'avait pas prétendu le contraire, c'est que la pétition sur laquelle la chambre des pairs avait à prononcer le 28 décembre, se trouvait rédigée d'une manière *inconvenante*. Mais il en aurait été ainsi, que la chambre aurait dû renvoyer la pétition au garde des sceaux, pour en faire poursuivre l'auteur devant les tribunaux, au lieu d'en ordonner la *lacération*, ce qui n'était pas dans les attributions de la chambre. Nous ne croyons pas non plus qu'il puisse entrer dans les attributions des chambres *de prendre des arrêtés pour interdire le rapport des pétitions* qui leur sont adres-

Colomb, lorsque dans une séance publique de la cour d'assises de Paris, il annonça que la loi

---

sées; car du moment que la Charte *autorise* à leur en présenter, elle suppose *nécessairement* qu'elles doivent en prendre *connaissance.*

Ce qui n'a pas moins surpris que la détermination prise par la chambre, c'est que la proposition en ait été faite par MM. de Lally-Tollendal et Davoust : car s'il avait été fait des défenses de s'occuper du mémoire que M. le maréchal Davoust publia en 1815, le noble pair pourrait se trouver encore aujourd'hui en pleine disgrâce; et si la demande qu'avait formée M. de Lally à ce que la mémoire de M. son père fût réhabilitée, avait été rejetée comme attentatoire à la considération due à la magistrature, avec déclaration que le conseil à qui cette demande était adressée, ne ferait aucun rapport sur les nouveaux mémoires que M. de Lally pourrait présenter; ce généreux fils n'aurait pas obtenu ce qui était l'objet de tous ses vœux. Ce premier mouvement de la chambre des pairs qui tendrait à rendre éternelles des proscriptions qui n'auraient jamais dû être constitutionnellement prononcées, sera, nous aimons à n'en pas douter, bientôt oublié par ceux-là même dont il fut l'ouvrage; et la chambre des pairs, qui tient comme la chambre des députés, *tous ses pouvoirs de la Charte*, ne permettra pas qu'elle demeure violée dans *sa disposition la plus importante.*

Dans la séance du 18 janvier, M. le maréchal Davoust a dit qu'il avait été mal compris à celle du 28 décembre; mais s'il en était ainsi, pourquoi le noble du 12 janvier allait enfin être rapportée ? Les nombreuses pétitions qui ont été présentées aux chambres, n'ont donc été réellement que l'expression du vœu général. (1)

Cependant c'est une chose assez remarquable, que ce ne sont pas les individus qui *se trouvent atteints* par la loi du 12 janvier, qui viennent fatiguer le gouvernement de leurs plaintes ; ils attendent avec résignation que le moment de la justice arrive, que l'on rende hommage aux principes constitutionnels, qui peuvent seuls ranimer la confiance et assurer le maintien de la tranquillité publique.

Nous ne sommes ici que l'écho du gouvernement lui-même : que répondit en effet M. le duc de Richelieu, président alors du conseil des ministres, *au nom de sa majesté*, aux amendemens qui étaient proposés par la cham-

---

pair ne réclama-t-il pas à la séance même du 28 décembre ? Quoi qu'il en soit, le désaveu de M. le maréchal est précieux.

(1) Sa Majesté, mieux inspirée que ceux qui prétendent aujourd'hui se roidir contre l'opinion publique, n'a pas craint d'y rendre hommage, dans le préambule de la Charte, en déclarant qu'elle avait reconnu que *le vœu de ses sujets était pour la Charte constitutionnelle* qu'elle octroyait.

bre des députés, au projet de loi du 12 janvier 1816? Que le Roi s'étant fait rendre compte des propositions diverses qui avaient été faites par la chambre, *le testament de Louis XVI à la main, et ayant toujours présent à la pensée*, qu'en maintenant une des *plus importantes dispositions* de la Charte, c'était *rassurer la nation sur toutes les autres*, sa majesté s'opposait à l'amendement de *l'article* 7 (1); ce que le Roi répéta dans des termes non moins énergiques en répondant à la grande députation de la chambre des députés le 1er janvier 1816; « *Je vous ai fait connaître* MES INTENTIONS *par* MES MINISTRES... *Le plus cher de mes vœux est d'assurer le repos de la France.*

Tous les ministres s'étaient, en effet, exprimés dans le même sens : M. le garde des sceaux fit même l'aveu précieux dans la séance de la chambre des députés du 17 mai 1819, *que les meilleurs citoyens, les royalistes les plus*

---

(1) Le Roi n'accepta que l'amendement de l'article 4, relatif à Bonaparte et à sa famille, malgré son inutilité; mais parce qu'il n'avait rien qui pût porter atteinte à la Charte, dont il n'était au contraire que l'exécution.

distingués, que *lui* personnellement avaient énoncé la même opinion; M. le garde des sceaux s'était particulièrement expliqué ainsi, dans la séance du 5 janvier 1816 : « Nous marchons tous vers le même but; mais il faut l'atteindre : *il ne faut pas le dépasser;* et que deviendrait *l'article* 11 de la Charte constitutionnelle, qui commande *l'oubli du passé*, de cette Charte qui est une *grande transaction entre le présent et le passé*, si l'amendement de l'article 7 pouvait être converti en loi? » A cette époque, comme aujourd'hui, nous avions eu à déplorer la funeste journée du 20 mars; et *le temps du péril n'était pas passé* comme il l'était au 17 mai 1819.

Ainsi trois propositions bien établies; la première, que l'article 11 de la Charte est *une des plus importantes de ses dispositions*, puisque c'est du Roi lui-même que nous en tenons l'assurance; la seconde, que cet article *fut une transaction politique entre le présent et le passé*, du propre aveu de M. le garde des sceaux; la troisième, que l'*opinion publique* est fortement prononcée, pour le rapport des articles inconstitutionnels de la loi du 12 janvier 1816, ce qui est prouvé jusqu'à l'évidence.

Nous pourrions conclure de là, sans nous

livrer à une plus ample discussion, que l'ordre du jour du 17 mai 1819, ne doit être considéré que comme une mesure *provisoire*, et que l'on doit s'empresser de faire cesser cet état provisoire *pour assurer le repos de la France;* mais poussons la démonstration encore plus loin.

C'était le 13 mai 1819 qui avait été indiqué pour le rapport à faire à la chambre des députés, des pétitions tendantes au rapport des articles inconstitutionnels de la loi du 12 janvier 1816. Ce rapport devait être fait par M. Caumartin et avoir pour résultat le renvoi des pétitions au président du conseil des ministres; mais il fut remis au 17, et dans cet intervalle, la majorité de la commission décida qu'il serait fait à la chambre la proposition de passer à l'ordre du jour pur et simple, sur ces pétitions. M. Cotton fut chargé de porter la parole.

Lorsqu'on vit M. Cotton monter à la tribune, on en conçut le plus sinistre présage; on se rappelait, involontairement, qu'il avait été l'un des plus ardens provocateurs de l'amendement de l'article 7 au projet de loi du 12 janvier 1816 : l'effroi se répandit aussitôt dans les tribunes et au dehors de la salle, où se trouvaient rassemblés une foule de citoyens de toutes les conditions, dans l'espérance de voir enfin la chambre revenir à une marche constitutionnelle.

Ce que l'on avait prévu arriva, M. Cotton proposa de passer à l'ordre du jour : voici sur quels motifs.

L'honorable député commença par annoncer qu'il avait été chargé par la *majorité* (1) des membres de la commission, d'exprimer son vœu sur les 27 pétitions qui avaient été adressées à la chambre, tendantes *au rappel des exilés* en vertu de la loi du 12 janvier.

M. Cotton prit, comme on le voit, *l'accessoire* pour le *principal* : ce n'était *qu'incidemment*, que le *rappel des exilés* était demandé ; la véritable question que les pétitionnaires avaient soumise à la chambre, consistait à savoir, si la violation de la Charte, par les articles 3 et 7 de la loi du 12 janvier 1816, n'imposait pas la *nécessité* d'en ordonner le rapport ; mais M. Cotton

---

(1) La commission était composée de *neuf* membres, dont *quatre* avaient fait partie de la chambre de 1815. *Un seul* des membres de la nouvelle chambre s'était réuni à eux ; et il ne s'y était même décidé qu'après avoir long temps fixé la *majorité* dans le sens opposé.

n'aurait pu se placer sur ce terrain et s'y maintenir; il eût suffi pour le réfuter, de relire, sans y ajouter aucun commentaire, les opinions de plusieurs de ses collègues, sous les bannières desquels il avait toujours marché.

« Il importe de ne pas s'écarter de la « Charte constitutionnelle, disait M. de la « Bourdonnaie, dans la séance du 13 fé- « vrier 1819; *la plus petite atteinte qu'on lui* « *porte* EBRANLE LA CONFIANCE : on ne peut « *en modifier aucune disposition*, sans faire « *un appel aux passions*.... Toucher même « aux articles *de simple législation*, c'est *ris-* « *quer de mettre en péril la liberté nationale* ».

« Nous sommes ici, ajoutait M. Cornet- « d'Incourt, pour *exécuter* la Charte et non « pour la *réformer* ».

« De la violation de la Charte, qu'on vous « demande, continuait M. de Villèle, *A* « *celle qui assure votre liberté individuelle....* « *A celle qui interdit les tribunaux d'excep-* « *tion.... A celle qui conserve les droits du* « *monarque... Il y a moins de distance*, « que ne paraissent le croire, ceux qui la « professent. Lorsque Bonaparte, à la tête de « quelques soldats, vint disperser les mem-

« bres du conseil des cinq cents, ils voulurent « invoquer les droits qu'ils tenaient de la « constitution : il leur répondit, *vous l'avez* « *violée !* Evitez, s'écrie M. de Villèle, *cette* « *réponse foudroyante* » !

« Les députés, disait M. de Corbières, « *ne sont pas des souverains sans limites;* « ils ne sont dans la chambre que pour « faire *ce que veut la Charte*, d'où émane « *leur existence politique*. Leurs *pouvoirs* sont « *dans* la Charte, ils ne sont pas *contre elle*; « car, *où seraient alors leurs pouvoirs*? Ils « ne seraient pas *dans la Charte* qui n'a pu en « donner *pour se détruire* ».

M. Cotton concevait très-bien, qu'il ne parviendrait jamais à faire chanter la palinodie à ses honorables collègues, sur un point de cette importance ; et ce fut évidemment pour cela, qu'il évita de traiter la question de constitutionnalité, en se bornant à présenter à la discussion celle *d'une simple demande en rappel des proscrits*; mais tout ce qu'a dit, et pu dire à ce sujet M. Cotton, n'a pu changer la question de nature ; elle n'en reste pas moins toujours *la même*; elle n'en doit pas moins se résoudre par le point de savoir, *si les articles* 3 *et* 7 de la loi du 12 janvier 1816, *violent la Charte*;

car *s'ils la violent*, il faudra bien *nécessairement* qu'ils soient rapportés ou que nous retombions sous le régime *arbitraire*.

M. Cotton ne donna *lecture* d'aucune pétition, il ne présenta pas même *l'analyse* d'aucune; si l'honorable député en avait lu ou s'il avait fait l'analyse d'une seule, tout son plan se serait trouvé par là même, à l'instant renversé : on y aurait vu que, c'était le *rapport des articles inconstitutionnels de la loi du 12 janvier* qui en était l'intérêt principal, le véritable intérêt; et non pas *le rappel des proscrits* qui ne devait être qu'un accessoire bien léger, dans une cause de cette importance.

M. Cotton crut faire assez que de déplorer les funestes effets du 20 mars, et de nous apprendre qu'il n'est pas en notre pouvoir, *de faire rétrograder le temps pour en maîtriser la cause*; pensée neuve, sans doute, mais que l'on conviendra n'avoir pas un trait bien direct avec la question qui se présentait.

M. Cotton ajouta : « Qu'au sortir de cette « époque désastreuse, des hommes *diverse-* « *ment coupables*, furent éloignés de la « France. » Mais si ces individus étaient *diversement* coupables, la *même peine* ne devait pas être appliquée à *tous*. La question, au surplus, n'était pas de savoir si les individus qui avaient été proscrits, étaient coupables; ou s'ils ne l'étaient pas; puisque *l'oubli du passé* avait été *commandé par la Charte aux tribunaux et aux citoyens*, et que, pour savoir s'ils étaient réellement coupables, il aurait fallu *se rappeler le passé.*

« Ces hommes vivent, continue l'orateur, « dans l'infortune et dans la douleur, loin de « leur terre natale, et la *pitié* qu'on ne refuse « jamais à celui *qu'a frappé la loi*, ne les « abandonne pas alors même qu'elle ne peut « les absoudre. »

Mais la loi du 12 janvier *pouvait-elle* les frapper, lorsque la Charte les avait *couverts d'un voile absolu?* Telle était la question, et non pas celle de savoir quelle influence pouvait exercer la *pitié* de M. Cotton.

Il existait *deux lois contradictoires*, l'une était la Charte, l'autre la loi du 12 janvier: à laquelle fallait-il déférer? « La Charte *est* « *autre chose qu'une loi;* elle est *antérieure* « à notre puissance législative; elle est *plus* « *qu'une loi*, puisque c'est d'elle que toutes « les institutions émanent, » a dit un savant publiciste: c'était donc à la charte qu'il fallait se référer.

Quant à la *pitié* de M. Cotton, les proscrits

l'appréciait, sans doute, à sa juste valeur. L'on ne pouvait guère s'attendre, à voir l'honorable député parler de *pitié* dans le moment même où il venait de former, par son vote, la majorité de la commission, pour river des fers qu'elle aurait pu briser.

Persistant toujours dans son plan d'isoler la cause des proscrits, de la question d'inconstitutionnalité, M. Cotton annonça : « que « déjà la bonté inaltérable du Roi avait fait « fléchir pour beaucoup d'entre eux la ri- « gueur de la loi..... *Que l'accès du trône « ne leur était pas fermé.* »

Mais lors même que sa majesté aurait rappelé *tous les proscrits*, l'inconstitutionnalité de la loi du 12 janvier 1816 existerait toujours, et la Charte n'en aurait pas moins été *impunément violée*, si cette loi n'était pas rapportée.

Les dispositions de son article 7 ne rendent-elles pas d'ailleurs *impuissante* la bonté inaltérable du Roi ? Tant que cet article sera réputé loi, sa majesté pourra-t-elle faire plus que d'accorder des *sursis* aux individus qui s'en trouvent atteints ? Et ces sursis leur rendront-ils *leurs droits civils* et tous les autres droits qui leur étaient assurés par la Charte ? Il n'est pas dès lors exact de dire, comme l'a fait M. Cotton, que *l'accès du trône n'est pas fermé aux proscrits*, puisque la loi vient *s'interposer* entre le trône et eux, pour leur en interdire les approches.

Il n'y a pas, d'ailleurs, de grâce à demander, lorsqu'il existe une amnistie *sans condition*; lorsqu'il n'y a pas même eu de condamnation prononcée par un tribunal *compétent*. Aussi, M. Bouvier Dumolard, l'un des proscrits rappelés, écrivait-il, à sa rentrée en France, qu'il ne lui avait été imposé aucune *condition*, et que l'on avait bien fait; qu'il était très-décidé à ne pas se montrer à ses concitoyens, en coupable qui avait reçu sa grâce (1).

(1) M. Bouvier-Dumolard ne se trouvait pas atteint, il est vrai, par l'article 7 de la loi du 12 janvier; il ne l'avait été que par l'article 3; mais il n'avait pas en sa faveur les dispositions de l'article 11 de la charte; il ne pouvait se plaindre que d'avoir été condamné sans que l'on eût observé les formalités prescrites par la loi, d'après le commandement formel de l'article 4 de la Charte. La violation de cet article 4 ne peut pas plus rester impunie que celle de l'article 11, par la grande raison que, tant qu'il restera un *seul* des articles de la Charte impunément violé, il en résultera nécessairement que l'on en pourra violer *d'autres* avec le même impunité. Le rappel de tous les exilés, compris dans l'article 3 de la loi de janvier, serait effectué, ce qui

Avant la révolution de dix années, peut-être, il ne restera plus que la mémoire fugitive des individus qui se trouvent frappés par la loi de proscription du 12 janvier; mais si les articles inconstitutionnels de cette loi ne sont pas rapportés, ils apprendront à nos derniers neveux, que la liberté individuelle des citoyens a été impunément violée; qu'elle peut conséquemment l'être encore avec la même impunité; qu'il n'y a rien dès lors de stable dans nos institutions.

M. Cotton a terminé son rapport par cette péroraison: « Nous, messieurs, nous à qui « rien ne peut faire *apprécier* la *gravité* des « torts qui pèsent sur *chaque* individu... pou- « vons-nous, *par une initiative intempestive* « *et irréfléchie*, nous permettre de déclarer « que le moment est venu où le trône peut « cesser de veiller à sa conservation? »

---

n'est pas, puisque plusieurs d'entr'eux s'en trouvent encore atteints, que la Charte n'en demeurerait pas moins violée en ce sens, que cet article 3 conserverait encore la force de loi: ce qui serait du plus funeste exemple, et ce qui donnerait des craintes fondées pour de nouvelles violations: d'où suit, qu'il y a lieu de craindre que tant que ledit article 3 ne sera pas rapporté, l'on ne prenne pas dans le gouvernement toute la confiance qui est à désirer pour sa consolidation.

Si la chambre des députés ne pouvait, le 17 mai 1819, apprécier la *gravité* des torts qui pèsent sur chacun des proscrits, lorsque déjà *quatre années* s'étaient écoulées depuis l'époque de leur proscription; comment la chambre de 1815 se permit-elle de les apprécier le 12 janvier 1816? Cependant cette chambre ne trouva ni intempestif ni irréfléchi de prendre l'initiative et de la soutenir avec l'opiniâtreté la plus intrépide, malgré l'opposition formelle du Roi, qui était certainement la personne la plus intéressée à la conservation du trône.

L'initiative du rapport des articles inconstitutionnels de la loi du 12 janvier 1816, n'avait-elle pas d'ailleurs été prise par sa majesté, lorsqu'elle avait déclaré dans l'article 1er de son ordonnance du 5 septembre 1816, *qu'aucun des articles de la Charte ne serait revisé?* Quel était le sens naturel attaché à cette déclaration? C'était nécessairement celui que, la Charte devait être exécutée dans toutes ses dispositions; ce qui ne pouvait arriver que, par le moyen du rapport des articles inconstitutionnels de la loi du 12 janvier.

Sa majesté avait déjà dit la même chose, en d'autres termes, dans le discours qu'elle avait prononcé à la rentrée des chambres pour la session de 1818 : « Les Français, avait dit « le Roi, par un sentiment unanime, *s'étant* « *franchement ralliés à la Charte*, nous la « *chérissons* encore davantage. » Dire que l'on chérit un objet, n'est-ce pas dire clairement que l'on en veut le maintien ?

Si cette initiative prise par le Roi, ne paraissait pas suffisante à la chambre des députés, n'en trouvait-elle pas une dans le renvoi que la chambre des pairs avait fait au président du conseil des ministres, des pétitions qui lui avaient été adressées ? Ne la trouvait-elle pas dans l'opinion publique qui se manifestait d'une manière aussi franche et aussi unanime ?

N'était-ce pas, d'ailleurs, la chambre des députés qui avait elle-même provoqué les dispositions inconstitutionnelles de la loi du 12 janvier ; et, ne serait-ce que, lorsqu'il s'agit de *proscrire*, qu'elle se croit autorisée de prendre l'initiative ? des scrupules ne commencent-ils à pénétrer chez elle, que lorsqu'il s'agit *de revenir* sur les fausses mesures qu'elle a prises (1) ?

---

(1) Nous venons de raisonner dans le sens que ç'aurait été, de la part de la chambre des députés,

M. Cotton crut devoir ajouter à son rapport, quelques observations sur le droit de

---

prendre une *initiative*, que de faire la proposition du rapport des articles inconstitutionnels de la loi du 12 janvier 1816; mais il ne pouvait être question là de l'initiative que la Charte réserve à sa majesté. De quoi s'agissait-il, en effet? d'une supplication à faire au Roi *de proposer une loi* pour la rapport de ces articles, ce qui rentrait évidemment dans les attributions de la chambre, aux termes de l'article 19 de la Charte, ainsi conçu : « Les chambres ont la liberté de supplier le Roi « *de proposer une loi sur quelque objet que ce soit*, et « d'indiquer ce qui leur paraît convenir que la loi con- « tienne. »

L'article 20 porte, à la vérité, que : « cette demande « ne pourra être faite qu'après avoir été discutée en « *comité secret.* » Mais la disposition de cet article ne change rien au droit que l'article précédent accorde aux chambres de supplier le Roi de proposer une loi *sur quelque objet que ce soit*; ce n'en est que le mode d'exécution.

Si la chambre des députés croyait ne pas devoir faire à Sa Majesté la supplicationque sollicitaientles pétitionnaires, sans que la proposition eût passé à un comité secret, rien n'était plus simple que de renvoyer les pétitions à ce comité pour s'en occuper; ce ne pouvait être un motif suffisant de passer à l'ordre du jour; la Charte n'ayant dit nulle part, que la proposition devrait venir *directement* de l'un des membres de la chambre, sans y avoir été provoquée par des pétitions ou de toute autre manière quelconque.

pétition ; mais il fut relevé sur ce point par M. le garde des sceaux, qui ne se montra pas moins l'antagoniste de ce droit, sous d'autres rapports.

On a fait trois objections principales pour en restreindre l'exercice ; la première, que la Charte n'autorise de présenter aux chambres que des pétitions *individuelles* ; la seconde, qu'il ne peut en être présenté que par les personnes intéressées, *et dans leur intérêt privé* ; la troisième, que les *mineurs* n'ont pas la capacité nécessaire pour en présenter. Les unes et les autres se détruisent à la simple lecture de l'article 53 de la Charte, dont voici les termes : « Toute pétition à l'une ou l'autre des chambres, ne « peut être faite et présentée que par écrit. « La loi interdit d'en présenter en personne « et à la barre. » Vouloir qu'il ne puisse être présenté que des pétitions *individuelles*, que des pétitions *par les seuls intéressés*, c'est faire dire à l'article précisément le contraire de ce qu'il dit ; c'est non seulement le modifier, c'est pleinement l'anéantir. La seule exception qu'il admette, c'est de ne pas permettre qu'il soit présenté de pétitions en *personne et à la barre* ; celles-là *seules* auraient eu, en effet, quelque danger, tandis que les pétitions *collectives*, et celles *sur des intérêts publics*, peuvent avoir au contraire de grands avantages, sans présenter le plus léger inconvénient. Pourquoi d'ailleurs, la Charte aurait-elle refusé le droit de présenter des pétitions *collectives*? On ne pourrait en donner une bonne raison : on aurait trouvé trop facilement le moyen d'échapper au commandement de la loi, en en présentant des milliers qui auraient été souscrites *individuellement*, quoique toutes tendantes au même objet. Aussi, les personnes qui voudraient voir le droit de pétition frappé d'une véritable nullité, afin de pouvoir, avec plus de facilité, démolir l'édifice de la Charte, ont-elles imaginé de faire dire à l'article 53 qu'il n'autorise, que des pétitions, *dans l'intérêt privé* des signataires ; mais elles prennent évidemment leur désir pour une réalité.

Des pétitions qui tendent au rapport des lois violatrices de la Charte, n'ont-elles pas d'ailleurs pour objet, l'intérêt individuel et privé de tous les citoyens ? y a-t-il un *seul* français qui n'ait intérêt au maintien du pacte social ? Peut-on se dissimuler de bonne foi que, la Charte impunément violée dans *l'un* de ses articles, ne puisse l'être, avec impunité, dans d'autres ? Que la Charte ne soit un tout indivisible de sa nature et dans ses conséquences ? Qu'attenter aux droits constitués par la Charte, ce ne soit pas nécessairement, attenter par suite, aux droits du trône et de la dynastie régnante ? L'on est honteux, en vérité, d'avoir à réfuter d'aussi faibles raisonnemens. Les *mineurs* n'ont pas moins de droits que les majeurs de présenter des pétitions. On acquiert la qualité de *français*, par sa *naissance en France* d'un père *Français*, et cette qualité n'est pas *suspendue* pendant la *minorité* : Les mineurs ont le même intérêt que les majeurs au maintien des lois constitutionnelles, ils y ont même un plus puissant intérêt que les majeurs, puisqu'ils ont plus long-temps à vivre sous leur empire. Le mineur comme le majeur a non seulement les intérêts généraux de la société à défendre ; mais même des intérêts privés à faire respecter. Eh quoi ! le mineur pourrait contracter mariage à dix-huit ans, même à seize (1), et il ne pourrait à vingt-un ans moins un jour, présenter une pétition aux

---

(1) Articles 144 et 145 du Code civil.

chambres! Il pourrait à dix-huit-ans (1), contre la volonté même la plus fortement prononcée de ses père et mère, contracter un engagement militaire; et il ne pourrait présenter une pétition aux chambres à vingt-un ans moins un jour! Il pourrait, avant seize ans (2), adresser un mémoire à la cour royale, pour se plaindre de sa détention, ordonnée sur la réquisition de son père; et il ne pourrait présenter une pétition aux chambres, avant que d'avoir atteint l'âge de vingt-un ans accomplis! Il pourrait disposer de la moitié de ses biens par testament à l'âge de seize ans (3); et il ne pourrait présenter une pétition aux chambres, avant l'âge de vingt-un ans révolus! Il pourrait être émancipé à quinze ans (4), il pourrait à cet âge (5) administrer ses biens, en passer des baux, sans être restituable que dans les cas où un majeur pourrait l'être lui-même; et il ne pourrait présenter une pétition aux chambres, lors même qu'il aurait

---

(1) Art. 374 du même code.

(2) Art. 382 *ibidem*.

(3) Art. 904 *ibidem*.

(4) Art. 477 *ibidem*.

(5) Art. 481 *ibidem*.

vingt ans onze mois et vingt-neuf jours! Il faudrait donc qu'à chaque pétition, se trouvât joint l'acte de naissance du pétitionnaire pour que le rapport pût en être fait! On ne conçoit pas comment une pareille idée a pu se présenter à l'esprit d'hommes doués de la plus légère connaissance des lois.

M. Caumartin qui avait été le premier rapporteur de la commission, ayant résumé sommairement les motifs du renvoi des pétitions au président du conseil des ministres, M. de Serre se leva pour appuyer l'ordre du jour, auquel M. Cotton avait conclu.

Quelle fut la qualité sous laquelle parla M. de Serre? Cette question n'est pas sans importance; car si ce fut en qualité de député que M. de Serre énonça son opinion, le sinistre mot *jamais* qu'il prononça, n'aura plus que la deux cent cinquante sixième partie de sa valeur, puisque les députés ne sont dans la chambre que dans le rapport d'*un à deux cent cinquante-six*; et tout doit porter à croire que ce fut comme *député* que M. de Serre prit la parole. On ne peut supposer en effet, que si l'honorable député avait parlé comme ministre, il ne l'eût fait dans le même sens que l'avait fait M. le duc de Richelieu *au nom du roi*, et d'une manière conforme aux sentimens que Sa Majesté avait elle-même si fortement exprimés dans toutes les occasions, et particulièrement dans son ordonnance du 5 septembre 1816.

Mais que M. de Serre ait parlé comme *ministre*, ou qu'il ait parlé comme *député*, ce qu'il a dit est essentiellement *bon ou mauvais ;* et comme nous ne sommes plus dans le temps où l'on était tenu d'en croire sur parole à tout ce qu'il plaisait à un ministre de dire, nous allons passer à l'examen du discours que prononça M. de Serre, sans toutefois nous écarter des convenances et du respect que commandent les hautes fonctions dont son excellence se trouve revêtue.

M. de Serre commença par observer que les pétitionnaires avaient poussé l'audace jusqu'à demander le rappel de Bonaparte ; ce qui dut nécessairement indisposer la chambre et faire une forte impression sur les esprits ; cependant avec un peu de réflexion, cette impression se fût facilement dissipée ; mais la discussion ayant été inopinément fermée à l'instant même que M. de Serre eut cessé de parler, l'observation faite par son excellence dut exercer une grande influence sur la détermination qui fut prise.

Il est à présumer que M. de Serre avait puisé son allégation dans le silence que quelques pétitionnaires avaient gardé sur les articles de la loi du 12 janvier, dont ils demandaient le rapport; mais dès que, dans l'opinion de M. de Serre, toutes les pétitions partaient *d'un centre commun*, il était évident que toutes devaient avoir le même objet; et, par suite, que les pétitions qui n'avaient pas été *suffisamment précisées*, devaient trouver naturellement leur explication dans celles qui annonçaient d'une manière claire, précise et déterminée, quel était l'objet de la demande : et celles-ci la *restreignaient* au rapport des seuls articles 3 et 7 sans l'étendre à l'article 4 relatif à Bonaparte.

Les pétitionnaires auraient porté, la démence jusqu'au point de demander le rappel de Bonaparte, que ce n'aurait pas été un motif suffisant, pour ne pas s'occuper des pétitions, dans leur rapport avec l'inconstitutionnalité des autres articles de la loi; car la demande d'une chose injuste ne peut autoriser le refus d'obtempérer à celle d'une chose juste, quoique l'une et l'autre aient été formées par le même acte.

M. de Serre prétendait, à la vérité, que le

rapport des articles 3 et 7 nécessiterait celui de l'article 4 qui n'était pas moins inconstitutionnel que les articles 3 et 7; il ajoutait que du moment qu'il fallait que la Charte restât violée dans un point, il devenait indifférent qu'elle le demeurât sous un autre rapport.

Cette objection pêche dans sa base. C'est une erreur de dire, que la Charte a été violée par la disposition de *l'article* 4 de la loi du 12 janvier; cet article est au contraire très-constitutionnel; Bonaparte se trouve nécessairement placé *hors de la Charte*, puisque sa présence en France serait *en contradiction manifeste* avec le gouvernement *établi par la Charte*: aussi, *le projet de loi* du 12 janvier ne renfermait-il aucune disposition relative à *Bonaparte*, et si l'article 4 y fut inséré, ce ne fut que par un amendement, que le gouvernement lui-même avait jugé inutile.

Il résulterait, d'ailleurs, du système de M. de Serre, qu'il ne pourrait plus rien y avoir de stable dans nos institutions, du moment qu'il y aurait été impunément dérogé; et c'est précisément cette conséquence d'une première violation impunie de la Charte, qui alarme les bons citoyens; car, si le principe est vrai que, la Charte étant impunément violée dans un point, elle peut l'être de même impunément dans d'autres; il en résulte évidemment que la Charte demeurant violée dans ses articles 4 et 11, par la loi du 12 janvier 1816, tous ses autres articles pourront l'être, dans la suite, avec impunité. La violation de la Charte au 12 janvier, n'aurait-elle donc été qu'un prétexte, pour autoriser d'autres violations, qui étaient dès lors préméditées, et que l'on voudrait réaliser aujourd'hui?

Les esprits ainsi préparés à recevoir des impressions défavorables, il ne restait plus qu'à tenir la chambre en haleine par quelques traits d'une éloquence hardie, et que de déclarer ensuite la discussion inopinément fermée; et ce fut précisément ce qui arriva: M. de Serre fut véhément dans sa harangue, et la discussion fut inopinément fermée: l'ordre du jour suivit et cela devait être; car on connaît assez quelle est, sur une grande assemblée, l'influence d'un orateur qui sait remuer les passions: et M. de Serre possède cette qualité au plus haut degré.

« La liberté n'a commencé pour nous, a dit « son excellence, qu'à la restauration: » Oui et non! *Oui*, dans les intentions paternelles du Roi et le commandement de la Charte: *Non*, dans l'exécution: la loi du 12 janvier 1816 en est une preuve vivante, puisqu'une masse d'individus s'y trouve proscrite, sans que l'on ait observé à l'égard d'aucun d'eux la moindre des formalités prescrites par la loi. Si la liberté a *commencé* pour nous à la *restauration*, du moins faut-il nous en faire jouir *sous la restauration*, et ne pas porter atteinte à la liberté individuelle des citoyens, hors des cas prévus par la loi.

« Jusqu'au jour de la restauration, a con-« tinué M. de Serre, on a voulu jeter sur le « *passé* un voile *absolu.* »

Les pétitionnaires n'ont pas dit autre chose; et c'est précisément parce que la Charte a jeté sur le *passé* un voile *absolu*, qu'ils ont demandé le rapport de l'article 7 de la loi du 12 janvier 1816, qui avait *déchiré ce voile.*

Dès que l'on a cru pouvoir déchirer, avec impunité, ce voile, à l'égard des individus qui se trouvent atteints par les dispositions de cet article, il pourra l'être de même à l'égard de tous les autres français, pour des faits *antérieurs* à la restauration, puisqu'ils ne se trouvent pas plus à couverts par la Charte, que les individus compris audit article 7 : d'où suit que c'est bien évidemment *dans l'intérêt de la société tout entière*, que le rapport de l'article 7 de la loi du 12 janvier est demandé. De quelle tranquillité pourraient jouir, en effet, les *millions* de citoyens qui ont signé des adresses de provocation, d'adhésion et de félicitation à la convention nationale, les cent mille hommes armés qui la menaçaient de la hart, si l'article 11 de la Charte venait à leur échapper ?

Tel, peut-être, qui se prononça le plus fortement pour l'ordre du jour du 17 mai 1819, aurait à trembler pour lui-même, si l'on allait fouiller dans les archives du temps : vainement chercherait-il une *excuse* dans la *crainte* qui l'aurait entraîné à donner sa signature ; il aurait prononcé lui-même sa condamnation : on conçoit qu'il aurait le droit d'invoquer le testament du feu roi, portant que, *souvent dans un temps de trouble et d'effervescence, on n'est pas le maître de soi ;* mais les Français, qu'a proscrits l'article 7 de la loi, y ont-ils trouvé une sauvegarde ?

Que chacun fasse un examen sévère de sa conscience, et il verra si, dans le cours des trente dernières années, il n'a pas mérité un reproche fondé ; il verra si la tranquillité publique peut être bien affermie tant que l'article 11 de la Charte aura été *impunément violé !* La tranquillité publique ne peut naître que de la tranquillité individuelle de la généralité des citoyens.

La sagesse prévoyante du Roi, en insérant l'article II dans la Charte, fit un acte de la plus saine politique; acte commandé par la situation où l'on se trouvait alors : que l'on remonte à 1814, et toute personne qui ne se laissera pas aveugler par la passion, en aura l'intime conviction. Comment donc revenir aujourd'hui sur ses pas, lorsque le Roi, lui-même, assure que, *les destinées de son peuple et de sa famille sont* ***INSÉPARABLEMENT*** *liées à la Charte ?*

M. de Serre ajouta bien que : « Lorsque la déplorable journée du 20 mars apparut, chacun sentit que le premier besoin de l'état était de prendre *des mesures sévères et préservatrices.* »

Le premier besoin de l'état était de marcher *franchement* dans la ligne constitutionnelle, puisqu'il était évident, à tous les yeux, que la funeste journée du 20 mars avait été le résultat des atteintes qui avaient été portées à la Charte, sous la première restauration.

Les véritables mesures qui étaient à prendre pour empêcher que de semblables événemens ne se reproduisissent, étaient là *tout entières*; mais à supposer qu'il dût encore en être pris d'autres et qu'il dût même en être pris de *sévères*; ces mesures du moins devaient être *constitutionnelles ;* sa majesté l'avait si bien senti, qu'elle disait dans sa proclamation du 25 juin 1815 : « Nous nous hâtons de ren-« trer dans nos états, *pour rétablir la consti-« tution* que nous avons donnée à la France ». *Rétablir*, en effet, la constitution, ce n'est pas la *violer*.

Les mesures à prendre devaient être simplement *préservatrices ;* elles ne devaient pas être *de nouvelles violations de la Charte ;* il fallait *calmer* les passions et non pas les *exalter*.

Des mesures *préservatrices* ne sont, d'ailleurs, essentiellement et par leur nature, que des mesures *provisoires*, qui doivent cesser d'exercer leur empire, aussitôt que le moment du danger est passé ; et le 17 mai 1819, *le jour même* que la chambre des députés prononçait son ordre du jour, le ministre des finances déclarait hautement à la tribune de la chambre des pairs, *que le temps du péril était passé*.

Cependant, M. de Serre, partant de ce point, qu'il devait être pris des mesures sévères et préservatrices, et raisonnant d'après cette donnée, rappela que : « Ce fut en vertu de cette « première détermination, que le gouver-« nement crut devoir excepter *trois* classes « d'individus de la *nouvelle amnistie* qu'il « prononçait ».

Le *gouvernement* n'avait pas cru devoir en excepter *trois*, mais *deux* seulement, et celle qu'eut pour objet l'article 7 de la loi du 12 janvier, n'était pas du nombre des deux : si le gouvernement comprit cette troisième classe d'individus dans ses mesures, il ne fit que céder aux importunités de la chambre de 1815 (1).

Les individus de cette *troisième* classe, n'avaient pas besoin d'être compris dans la *nouvelle* amnistie; ils se trouvaient couverts d'un

---

(1) Sa Majesté ne s'y décida que, dans la *supposition* que c'était le *vœu général*. On en trouve la preuve dans le discours que M. le duc de Richelieu, président du conseil des ministres, prononça, lorsqu'il présenta le projet de loi, ainsi amendé, à l'approbation de la chambre des pairs. Quoique cette *supposition* fût une *erreur*, l'on ne doit pas être surpris qu'elle parut être une *vérité*, aux yeux du Roi, à une époque, où la terreur planait tellement, sur toute la France, qu'aucun citoyen n'aurait pu faire entendre sa voix désapprobatrice, sans s'exposer aux plus grands dangers. Mais aujourd'hui que *l'erreur est reconnue*, que la France entière réclame l'exécution franche et *loyale* de la Charte, qu'est-ce qui pourrait s'opposer à ce que Sa Majesté fût suppliée de faire la proposition d'une loi, tendante au rapport des articles inconstitutionnelles de la loi du 12 janvier 1816 ?

voile *absolu* par l'article 11 de la Charte ; M. de Serre nous l'a dit lui-même.

Ces individus pouvaient, sans doute, être exceptés de la *nouvelle* amnistie, à raison de faits postérieurs à la *première* restauration ; mais, pour raison de ces faits ils auraient dû être traduits devant les *tribunaux* et jugés *constitutionnellement*, en observant les formalités prescrites par la loi, du moment qu'ils ne se trouvaient pas *nominativement* compris dans les articles 2 et 3 de l'ordonnance du 24 juillet 1815, ces deux articles renfermant les seules exceptions que le Roi avait mises à la *nouvelle* amnistie qu'il avait accordée : et, sans contester à sa majesté le droit d'amnistier, l'on ne pouvait s'opposer à ce que l'amnistie qui résultait de son ordonnance du 24 juillet, ne sortît son plein et entier effet.

Comment se fait-il donc que M. de Serre, qui est doué d'un si bon esprit, ait conclu, de ce que la chambre des députés avait *cru* devoir excepter *trois* classes d'individus de la *nouvelle* amnistie, que ceux-là même qui se trouvaient couverts d'un voile *absolu*, pour tout ce qui s'était *passé AVANT* la *première* restauration, avaient pu néanmoins être proscrits à perpétuité pour des faits antérieurs *à la première amnistie* ?

Une *amnistie* serait-elle donc révocable à *volonté?* Lorsqu'il y a droit *acquis* à des tiers, peut-il être permis de les en priver? Cette question a été traitée par un magistrat qui n'a rien laissé à désirer, pour convaincre les esprits les plus prévenus, *qu'aucune puissance humaine* ne peut s'arroger un pareil droit (1).

Mais, a dit M. de Serre, les individus qui se sont trouvés compris dans l'article 7 de la loi du 12 janvier, ont *dû se considérer* comme ayant été condamnés *par un arrêt irrévocable.*

Pourquoi l'auraient-ils dû ? S'ils ont dû croire à quelque chose, c'est que l'on en reviendrait plus tôt que plus tard à l'exécution de la Charte.

Les proscrits savent très-bien que la *puissance législative* ne rend pas des *arrêts* : ils savent très-bien aussi que *tous* ses actes sont *révocables*, ce qui les distingue *des véritables*

---

(1) *Voyez* le tome III, page 313 et suivantes de l'ouvrage intitulé : *Du Code d'instruction criminelle*, considéré dans ses rapports généraux et particuliers avec les lois anciennes et nouvelles, et la jurisprudence de la cour de cassation. Cet ouvrage se trouve à Paris chez Nève, libraire, au palais de Justice.

arrêts : et, où en serions-nous, si les actes de *proscriptions* qui émanent de la puissance législative devaient être considérés comme des *arrêts irrévocables*? Les émigrés n'ont-ils pas été bannis à perpétuité du territoire français, par des décrets émanés de nos assemblées, comme l'ont été les individus compris dans l'article 7 de la loi du 12 janvier 1816 l'ont été, par les chambres de 1815? Et les déportés de fructidor, et ceux du 31 mai et tant d'autres, que seraient-ils encore aujourd'hui ? La *législation* qui convient *dans un temps*, peut ne pas convenir *dans un autre* : elle ne peut statuer que sur des intérêts *généraux*, tandis que les *arrêts* ne peuvent jamais prononcer que sur des intérêts *particuliers*. En matière *criminelle*, les arrêts n'acquièrent le caractère d'*irrévocabilité*, que lorsqu'ils ont été rendus *contradictoirement*, et la loi du 12 janvier 1816 a proscrit des individus, sans les avoir entendus, sans même qu'ils eussent été appelés. La loi du 12 janvier n'est donc pas un *arrêt*, elle est moins encore un arrêt *irrévocable*. La *force* seule peut lui imprimer le caractère qu'elle n'a pas, par elle-même, et la force n'est pas constitutive d'un droit.

Mais a dit son excellence : « il est *des con-*

sidérations de vie et de mort, qui sont *la loi suprême* et qui ne permettent pas de *revenir* sur ce qui a été réglé par l'article 7 de la loi du 12 janvier. »

Oui, sans doute, il est des considérations de cette sorte; mais *sous un régime constitutionnel*, les considérations *de vie* sont *tout entières dans l'exécution* du *pacte social;* car, sous un pareil gouvernement, *hors de la Charte pas de salut*. La Charte étant *une fois violée*, tout se trouve alors livré à l'*arbitraire* le plus effrayant, et cet arbitraire, qui conduit toujours et nécessairement à l'anarchie ou au despotisme, peut conduire souvent aussi à la guerre civile.

Comment concevrait-on qu'une loi *qui viole la Charte*, pût devenir un moyen de *conservation*, lorsque l'on est forcé de convenir que *la Charte est l'appui du trône, qu'elle est nécessaire au maintien de la dynastie régnante?* Une loi qui viole la Charte, ne peut être alors qu'une véritable loi *de destruction.*

Dans tous les temps, sous tous les gouvernemens, lorsque l'on a voulu renverser les institutions des peuples, on a invoqué *la raison d'état* : çà toujours été, à l'aide de ces mots magiques, que l'on est parvenu à opérer la dissolution du corps social : il ne peut y avoir de considérations *de vie* pour la société, que dans la franche et loyale exécution des lois fondamentales de l'état; les considérations de *mort* sont *toutes* dans leur violation; mille exemples pourraient être donnés en preuve de cette triste vérité.

M. de Serre insista cependant, il supposa qu'il y aurait réellement *considération de mort* pour la société, si les proscrits qui se trouvent atteints par l'article 7 de la loi du 12 janvier 1816 étaient *rappelés*; et cela, malgré l'*inconstitutionnalité* de cet article, que son excellence ne put même se dissimuler.

Mais s'il y avait eu réellement considération *de mort* pour la société, dans la *résidence des proscrits sur le territoire français*, cette considération aurait existé sous la *première* comme sous la *seconde* restauration; et sous l'une comme sous l'autre, sa majesté a *commandé l'oubli du passé*, aussi bien à l'égard de ces proscrits que de tous les autres français.

Comment supposer à sa majesté une pareille imprévoyance? Sa majesté n'est-elle donc pas la plus intéressée au maintien de l'ordre public; à la conservation de la couronne dans sa maison? et lorsque sa majesté a prononcé le serment de maintenir la Charte, qui commande *l'oubli du passé*; lorsque les princes ont promis sur l'honneur de se conformer aux intentions du Roi; lorsque les chambres l'ont pareillement juré, comment pouvoir prétendre, qu'il y aurait considération *de mort* pour la société, de revenir sur une détermination qui viole tous ces sermens ?

Vainement dirait-on, que les choses ont *changé*; que ce qui pouvait être une considération *de vie* sous la *première* restauration, avait pu devenir une considération *de mort* sous la *seconde*.

Depuis les cent jours, comme *auparavant*, sa majesté a fait le serment de maintenir la Charte, et les chambres ont réitéré chaque année le même serment, sans y avoir mis aucune restriction : depuis les cent jours, sa majesté a déclaré, dans les termes les plus solennels, qu'*aucun* des articles de la Charte *ne serait revisé* (1).

Le Roi, les princes ont plus fait : pour rassurer pleinement la nation sur l'exécution de l'article 11 de la Charte, sa majesté n'a-t-elle pas appelé près d'elle, comme ministre, *sous la seconde restauration*, l'un des indi-

(1) Article premier de l'ordonnance du 5 septembre 1816.

vidus qui fut depuis atteint par l'article 7 de la loi du 12 janvier 1816? Sa Majesté ne l'a-t-elle pas ensuite nommé son ambassadeur près les puissances étrangères? Et son altesse royale, Monsieur, ne *le proclama-t-il pas, lui-même, membre de la chambre des députés?*

S'il y avait eu considération *de mort* pour la société, dans la résidence en France des proscrits, par l'article 7 de la loi du 12 janvier, le Roi, le prince auraient-ils agi ainsi? Sa majesté aurait-elle négligé d'exclure, de la *nouvelle amnistie* qu'elle prononça le 24 juillet 1815, les individus compris dans cet article 7? Aurait-elle, au contraire, déclaré *closes*, par l'article 5 de son ordonnance, les listes nominatives contenues dans les articles 2 et 3? Si sa majesté avait jugé qu'il y eût considération *de mort* pour la société, par la résidence des proscrits dans le royaume, aurait-elle négligé de faire insérer, dans le projet de loi du 12 janvier, l'article 7, dont ce projet fut amendé par la chambre des députés? Se serait-elle obstinément refusée à déférer à la proposition qui fut faite dans cette chambre, d'en amender le projet? M. de Serre, qui est si dévoué au Roi et à son auguste maison, les meilleurs citoyens, les royalistes les plus distingués s'y seraient-ils de même opposés?

On n'ira pas jusqu'à dire, sans doute, qu'en s'y opposant, le Roi, M. de Serre, les meilleurs citoyens, les royalistes les plus distingués avaient pour arrière-pensée d'opérer la dissolution du corps social; de mettre le trône en péril? Ce serait cependant ce qu'ils auraient fait, s'il pouvait y avoir considération de *mort* pour la société, dans la rentrée des proscrits sur le territoire français.

L'oubli du passé[1], AVANT comme DEPUIS la première restauration, fut donc bien réellement une considération *de vie* pour la société, et non pas une considération *de mort*: cet *oubli* devenait même, peut-être, encore plus nécessaire, *depuis* la seconde restauration que *lors* de la première : il n'y avait, en effet, *qu'un oubli sincère* des torts que l'on pouvait avoir *mutuellement* à se reprocher, qui fût capable de rétablir la confiance. Sa majesté en fut tellement pénétrée, qu'après être convenue franchement, que son gouvernement avait pu commettre *des fautes*, elle déclara qu'elle ne rentrait dans ses états que pour y faire exécuter *la Charte*. Les *fautes* qu'avait pu commettre le gouvernement du Roi en avaient été nécessairement la *violation*.

Ceci répond à l'objection que l'on a voulu tirer de la supposition que le Roi, les princes, les chambres n'avaient agi que *par politique*, en ordonnant *depuis* la seconde restauration, que *la Charte serait pleinement exécutée*, et que cet acte *de politique* ne peut lier le gouvernement.

Ce que l'on a *promis* au peuple, ne le lui eût-on promis que dans des vues *politiques*, doit être mis à exécution en *bonne politique ;* car toute politique employée pour *tromper* le peuple, est *une fausse politique ;* et nous nous garderons bien d'en accuser le Roi, qui n'a jamais fait *de vaines promesses.*

Toute fausse politique fait nécessairement perdre au gouvernement qui l'emploie, la confiance sans laquelle il ne peut s'affermir : une politique tortueuse ne peut être que l'arme du despotisme; elle serait honteuse et perfide, sous un gouvernement constitutionnel.

« Si dans des temps difficiles on a dû sa-
« crifier *à l'empire des circonstances*, on doit
« à plus forte raison aujourd'hui sacrifier
« *au respect dû* à la Charte; car rien *n'est plus*
« sacré qu'elle. » Nous ne faisons qu'emprunter ici le langage d'un publiciste éclairé.

M. de Serre s'est résumé en déclarant que *jamais* l'article 7 de la loi du 12 janvier 1816 ne serait rapporté ; ou, en termes équivalens, que *jamais* la Charte ne serait *exécutée.*

Ce mot *jamais*, jeta l'effroi dans toute la France, c'est-à-dire, dans le cœur *de tous les vrais Français* qui ne séparent pas, dans leur affection, *la Charte et le Roi*, et qu'aucun esprit *de haine et de vengeance* n'animera *jamais.*

Si ce terrible mot *jamais*, que nous voulons bien croire avoir échappé à M. de Serre dans la chaleur du discours, pouvait être pris dans un sens *absolu*, lorsqu'il s'agit d'actes de *proscription*, son excellence occuperait-elle aujourd'hui en France la plus haute magistrature? M. de Serre ne fut-il pas lui-même *proscrit* par une loi, qui ne devait aussi *jamais* cesser d'exercer son empire?

Que ce funeste *jamais* n'arrête donc pas l'élan des bons citoyens; qu'ils se rappellent sans cesse, que le bonheur du peuple, que le maintien de la dynastie régnante tiennent à l'observation rigoureuse et loyale de la Charte; que la Charte est l'arche sainte à laquelle il ne peut être permis de toucher, sans être frappé de mort.

Que l'on ne vienne pas nous dire que c'est prêcher la désobéissance à la loi! nous voulons que la loi soit pleinement exécutée, tout inconstitutionnelle qu'elle est, jusqu'à ce qu'elle soit rapportée ; mais nous pouvons en contester *la justice et la convenance*, *en solliciter le changement*; nous y sommes autorisés par les propres paroles de M. le garde des sceaux, qui nous ont servi d'épigraphe.

Pour ne pas interrompre la réfutation des discours de MM. Cotton et de Serre, nous n'avons examiné la question du rapport des articles inconstitutionnels de la loi du 12 janvier 1816, que relativement à la violation de l'article 11 de la Charte, en disant seulement un mot de la violation de l'article 4, et en nous bornant à ajouter qu'il en résultait celle encore de plusieurs autres de ses articles, ce qu'il est facile d'établir. La loi du 12 janvier 1816 ne viole pas moins ouvertement, en effet, l'article 68 qui a maintenu les articles 17, 21, 22 et suivans du code civil, en privant les individus qu'elle atteint de *l'exercice de leurs droits civils*, hors des cas prévus par lesdits articles ; elle viole également le même article 68 en donnant un effet *rétroactif* à *l'ostracisme* qu'elle a *implanté* en France (1), par l'application de cette peine à des faits

(1) Nous parlons ici le langage du *Conservateur*.

antérieurs, contre les termes de l'article 2 du même code, portant: *Que la loi ne dispose que pour l'avenir; qu'elle n'a pas d'effet rétroactif.*

La loi du 12 janvier ne viole pas moins ouvertement les articles 9, 66, 69, et 71 de la Charte, en privant les proscrits des propriétés, titres et pensions qu'ils possédaient à titre gratuit; car, un titre *gratuit* ne confère pas moins la propriété que le titre *onéreux*, et toutes les propriétés *sans exception*, furent déclarées *inviolables* par l'article 9 de la Charte; comme les titres, les honneurs et les pensions, le furent par les articles 69 et 71 : d'où suit que la loi du 12 janvier 1816 n'a pu priver les proscrits de leurs *propriétés*, de leurs titres, et *pensions*, sans en prononcer *la confiscation* contre la disposition formelle de l'article 66, qui a déclaré la *confiscation des biens abolie, sans pouvoir être rétablie* (1).

---

(1) La loi du 12 janvier 1816 n'ayant privé les proscrits par l'article 7, que des *pensions* qui leur avaient été accordées à *titre gratuit*, ne serait-ce pas encore ajouter à la rigueur de la loi, que de les priver des pensions qu'ils avaient obtenues pour récompense des services rendus à l'état ?

Comment est-il donc arrivé, que les tribunaux soient encore venus ajouter à la rigueur de la loi, par une extension qu'elle ne comporte pas ? qu'ils se soient permis de connaître de son exécution, lorsqu'elle ne pouvait, sous aucun prétexte, rentrer dans leurs attributions ? qu'ils se le soient permis, pour *aggraver* la peine des proscrits, hors même des cas prévus par la loi ? Quelle est, en effet, l'autorité que le code d'instruction criminelle investit du droit de procéder à *la reconnaissance de l'identité* des individus qui ont enfreint leur banc ? La *seule* cour *qui a prononcé leur condamnation* ! C'est la disposition formelle de l'article 518 de ce code : or, quelle était la cour qui avait proscrit les votans ? C'était *la puissance législative* qui s'était érigée, pour ce fait, en cour de justice ; d'où suit qu'aux termes du code, c'était à la puissance législative *seule* qu'il pouvait appartenir de prononcer *sur la reconnaissance de leur identité*. La cour de cassation n'avait pas le droit de déléguer une autre autorité judiciaire pour y procéder ; ses attributions se renferment dans le droit de prononcer, au cas de demande, *en réglement des juges* ou *de renvoi d'un tribunal à un autre*, pour cause de suspicion légitime ou de sûreté publique ;

et l'infraction de banc ne rentre dans l'une ni dans l'autre de ces attributions; l'article 518 a tout irrévocablement statué sur ce point.

Mais la cour de cassation aurait été fondée à faire l'indication d'une cour de justice pour prononcer sur l'identité, que ce n'aurait été que dans le cas où il eût été simplement question de la reconnaître, pour faire appliquer aux prévenus, la peine de la *déportation;* et ce cas aurait été *seulement* celui où les individus qui se trouvaient atteints par l'article 7 de la loi du 12 janvier 1816, *ne seraient pas sortis du royaume dans le mois* de la publication de la loi; ce qui n'était pas l'espèce sur laquelle la cour de cassation était appelé à prononcer; car aucun des proscrits n'avait été poursuivi *pour ne pas s'être conformé à cette disposition rigoureuse de la loi :* ce qui était uniquement reproché à quelques-uns d'eux, c'était d'être *rentrés* sur le territoire français, *depuis leur sortie;* et l'article 7 de la loi n'avait pas prévu ce cas; de sorte qu'il ne pouvait y avoir à prendre contre eux que des mesures *administratives,* pour les contraindre à en ressortir, si le gouvernement le jugeait à propos : il ne peut s'élever aucun doute à cet égard, d'après le termes dudit article 7, ainsi conçu : « Sont

« exclus à perpétuité du royaume, *et sont* « *tenus d'en sortir dans le délai d'un mois sous* « *la peine portée par* l'article 33 du Code « pénal. » Cet article 33 ne devenait applicable que *sub modo*, et dans le cas seulement où les proscrits *ne seraient pas sortis du royaume dans le délai qui leur avait été fixé.*

Vainement dirait-on, qu'il fut évidemment dans *l'esprit* du législateur, d'assimiler les deux cas, celui *de n'être pas sorti du royaume* dans le mois, ou celui *d'y être rentré après en être sorti*; car en matière *pénale*, c'est la *lettre* seule de la loi qui doit être consultée et non pas son *esprit*, lorsque son *esprit* se trouve en *contradiction* avec sa *lettre*, et que c'est surtout pour *aggraver* le sort des condamnés; *odia restringenda* : ce n'est pas aux exécuteurs de la loi à y suppléer les dispositions de rigueur qui peuvent avoir échappé au législateur; ce droit n'appartient qu'à la puissance législative, qui ne peut même en user que pour les cas *à venir*.

Nous terminerons cette première partie de la discussion par la transcription d'un passage de l'opinion de M. de Corcelles, sur l'ordre du jour du 17 mai. « La proscription du 12 janvier 1816, a dit l'honorable député, res-« semble à toutes les proscriptions anciennes

« et modernes ; si la loi qui la prononce n'était
« pas rapportée, elle menacerait d'une pro-
« chaine dissolution du corps social, le gou-
« vernement qui la maintiendrait : telle fut,
« dans tous les temps, l'heureuse compensa-
« tion, dont l'injustice est toujours accompa-
« gnée, qu'elle frappe tôt ou tard, inévitable-
« ment, la main imprudente qui en perpétue
« l'usage. »

DEUXIÈME PARTIE.

Séances de la chambre des députés des 19 et 26 juin 1819.

On discutait le 19 juin, dans la chambre des députés, sur l'emploi des fonds du domaine extraordinaire : M. Chauvelin venait de prononcer un discours auquel il fallait répondre ; M. de Cazes l'entreprit ; mais après avoir improvisé quelques phrases assez insignifiantes sur ce sujet, son excellence, par une brusque transition, ramena l'attention de la chambre sur les pétitions qui avaient fait la matière de l'ordre du jour du 17 mai.

L'opinion imprimée de M. Bignon, l'un des membres de la chambre des députés, sur cet ordre du jour, en fut le prétexte : M. Bignon l'avait terminée, en annonçant, qu'il était possesseur d'un *secret* qu'il se réservait de dévoiler au moment où l'on en viendrait à traiter, de nouveau, la question du rapport de la loi du 12 janvier 1816.

M. de Cazes somma M. Bignon de déclarer quel était ce secret.

La réponse de M. Bignon fut, qu'il ne se croyait pas obligé de déférer à l'interpellation qui venait de lui être faite; et M. Chauvelin ajouta, qu'il n'était pas de la dignité d'un député, de répondre à une sommation que des ministres du Roi n'avaient pas le droit de lui faire; lorsque, surtout, il était convaincu, qu'en rompant le silence, il nuirait à des hommes, à qui *l'on avait déjà fait assez de mal.*

La demande et la réponse pouvaient donner lieu d'examiner une question de droit public, d'une haute importance; mais elle ne fut pas même abordée; M. Bignon se contenta de déclarer, sur l'insistance de M. de Cazes, qu'en gardant son secret, *il ne pouvait compromettre, en aucune manière, les intérêts de l'état.*

Cette déclaration semblait devoir mettre fin à toute discussion, et la ramener naturellement sur l'emploi des fonds du domaine extraordinaire; mais il n'en fut pas ainsi; M. de Serre, succédant à la tribune à M. de

Cazes, insista plus fortement encore, que ne l'avait fait son collègue, pour arracher à M. Bignon, son secret ; mais M. Bignon fut inflexible ; il ne se rendit pas même à la menace qui lui fut faite de passer pour un calomniateur, s'il ne le révélait pas.

M. de Serre dit, en se résumant, que M. Bignon s'était placé dans une fausse position ; qu'il aurait dû attendre le moment, qui, *je l'espère*, ajouta-t-il, *n'arrivera JAMAIS*, où l'honorable député aurait cru devoir le publier.

M. de Serre peut conserver cet espoir tant qu'il lui plaira ; mais la *Charte* est là ; *la parole du Roi* est là, pour rassurer les citoyens sur une violation de la Charte, qui ne peut rester *impunie*.

C'est bien déjà quelque chose, au reste, que son excellence n'ait parlé, dans la séance du 19 juin, que d'un simple *espoir*, lorsqu'à celle du 17 mai, il avait prononcé le mot *jamais*, sans y mettre aucun correctif.

Ce vilain mot *jamais* fut tourné et retourné de mille manières, dans la séance du 19 juin, pour y trouver un sens raisonnable; et chacun peut juger, si l'on y parvint.

Leurs excellences, n'ayant pu déterminer M. Bignon à révéler son secret, prétendirent que les pétitions qui avaient été adressées aux chambres, avaient été le résultat d'une *conspiration*; qu'elles avaient été l'ouvrage de *factieux*, qui avaient tenté, par ce moyen, *d'avilir le pouvoir royal afin de renverser la royauté*; mais à qui persuadera-t-on que s'il en avait été réellement ainsi, leurs excellences eussent gardé le silence sur ce point important, dans la séance du 17 mai? Leur sagacité serait-elle restée en défaut jusqu'au 19 juin?

On a bien vu des conspirations réelles ou supposées depuis trente ans; mais l'on peut mettre au défi, d'en citer une seule, que l'on ait cru pouvoir faire résulter de *supplications* faites à l'autorité par la voie *légale* et tendantes au *maintien du pacte social.*

Aussi plusieurs des membres de la chambre s'élevèrent-ils avec force contre cette inculpation; ce qui fit dire à M. de Serre que les ministres n'avaient entendu parler, ni des *députés*, ni même des *pétitionnaires*.

Mais qui donc étaient les *conspirateurs* et les *factieux*? si les *signataires* des pétitions, ni les *députés* qui s'étaient chargés de *déposer* les pétitions au secrétariat de la chambre, n'étaient pas, dans le système ministériel, *les auteurs de la prétendue conspiration*, ils en auraient été au moins les *complices*, dans le cas où elle aurait été réelle, ce qui les aurait rangés nécessairement dans la classe des *factieux*. Déclarer donc que les *députés* et que les *signataires* des pétitions n'étaient ni des *conspirateurs* ni *des factieux*, c'était dire, en d'autres termes, qu'il n'y avait eu ni *conspiration* ni *factieux ;* ce qui devenait assez embarrassant à concilier avec la levée de boucliers qui venait d'être faite.

M. Courvoisier vint fort adroitement tirer les ministres du mauvais pas, dans lequel ils s'étaient engagés, en donnant l'assurance à la chambre, qu'il y avait réellement conspiration flagrante; qu'elle avait même des ramifications dans les départemens ; qu'elle en avait particulièrement à Lyon, ville dans laquelle il exerçait les fonctions de procureur général du Roi; ce qui fut appuyé par M. de Corbières : mais sur l'interpellation qui fut faite à ce dernier de s'expliquer plus catégoriquement, l'honorable député convint qu'il n'avait parlé que sur la foi de M. Courvoisier qui, sans doute lui-même, avait été trompé par de faux rapports.

M. Manuel avait allégué dans le cours de la discussion que plusieurs membres de la chambre s'étaient présentés chez les ministres pour les pressentir, sur l'objet des pétitions et que leurs excellences, loin de désapprouver cette mesure, avaient au contraire promis d'employer toute leur influence pour faire accueillir favorablement celles qui pourraient être présentées.

C'était un argument *ad hominem* qui ne pouvait rester sans réponse : M. de Serre se chargea de la faire : son excellence dit qu'à la vérité, plusieurs membres de la chambre s'étaient présentés chez les ministres, pour l'objet dont il s'agit; mais que les ministres n'avaient pas entendu que les pétitions dussent porter la demande du rappel des proscrits, *par un acte solennel;* ajoutant que, *c'était dans la demande d'un pareil acte que se trouvait l'offense faite au gouvernement.*

Ce qui résultait naturellement de ces dires réciproques, c'est qu'il y avait eu *mal entendu*, et c'est pour la première fois, sans doute, qu'*un simple mal-entendu* se soit trouvé converti en *conspiration.*

Comment concevoir, au surplus, que ce puisse être *une offense faite au gouvernement*, de lui demander le rapport d'une loi *qui viole la Charte;* Charte que le Roi a *juré* de faire observer, à laquelle les princes ont promis *d'être fidèles*, et que les Chambres ont prêté *le serment de maintenir*? Ce n'était pas *du rap-*

pel des bannis, comme on cherche perpétuellement à le supposer, qu'il s'agissait, mais *du rapport d'une loi inconstitutionnelle:* le rappel des bannis devait bien en être la conséquence, mais il ne pouvait en être que l'*accessoire:* la véritable question, la seule qui fût à examiner, consistait à savoir, s'il pouvait y avoir un motif *raisonnable de maintenir une loi*, aussi *violatrice de la Charte*, que l'est celle du 12 janvier 1816.

M. de Serre fit, à la même séance du 19 juin, une dernière objection ; il dit que : « Les hommes qui porteraient l'exagération des principes et des théories, jusqu'à ne tenir aucun compte *des intérêts moraux qui dominent tous les principes et les théories*, pourraient, avec les meilleures intentions, devenir funestes à leur pays, en devenant les complices involontaires d'une attaque portée contre le trône. »

Que les *intérêts-moraux* doivent *dominer les théories*, cela se conçoit aisément ; car les *théories* ne peuvent être fondées que sur le *raisonnement* ; et par des raisonnemens *contraires*, on peut établir le danger des *théories* en politique : mais que les *intérêts-moraux* doivent *dominer les principes* et même les *principes constitutionnels d'un peuple*, c'est ce qui ne pourrait arriver sans que l'on se trouvât nécessairement livré à un *arbitraire effrayant*; il n'y aurait plus aucune loi, aucun serment que l'on ne pût *impunément violer*, on en serait quitte pour se retrancher à dire, que *la loi, le serment violés*, se trouvent en opposition *avec les intérêts-moraux*, et que les *intérêts-moraux* doivent *dominer les principes*.

Sous ce frivole prétexte, la porte serait bientôt ouverte à toutes les prétentions : les uns diraient que les possesseurs de biens nationaux doivent être dépossédés ; d'autres, qu'il ne doit y avoir qu'un seul culte autorisé ; d'autres, que les anciens priviléges doivent être rétablis ; d'autres, que la dîme doit être payée, que la liberté de la presse doit être enchaînée : et tout cela, d'après la maxime, que les *intérêts-moraux* le commandent, que les *intérêts-moraux* doivent dominer *les principes*.

Ce sont *les lois* qui constituent les *intérêts-moraux* des peuples ; vouloir les chercher ailleurs, c'est bouleverser toutes les idées ; c'est remettre en question les institutions les plus sacrées ; jeter la nation dans un labyrinthe de maux, la faire éternellement nager entre l'anarchie et le despotisme.

C'est lorsque l'on *discute les lois*, que les *in-*

térêts-moraux doivent être pris en considération; *quand la loi est faite*, il ne peut plus être question que de s'y soumettre, lorsque, cette loi surtout, *est le pacte social, le pacte d'alliance entre le trône et le peuple :* on doit supposer alors que, tous les intérêts ont été balancés, que si quelques-uns ont été froissés, la chose avait été commandée par une bonne et sage politique; qu'y revenir, ce serait provoquer de nouveaux troubles.

Ce qui peut paraître, pour M. de Serre, un *intérêt moral*, peut me paraître à moi et à bien d'autres, *très-immoral*; cela ne pourrait même être autrement, dans l'impossibilité de donner une définition exacte de ce qui constitue réellement, les *intérêts-moraux des peuples :* la loi seule est susceptible d'une définition rigoureuse, en ce qu'elle détermine clairement les droits et les devoirs de tous.

Le premier des intérêts, il faut le redire sans cesse, est le maintien des institutions nationales; l'exécution franche et loyale des lois; de ne jamais mentir à la foi jurée.

M. Benoist prit aussi part à la discussion, dans la séance du 19 juin : il alla jusqu'à supposer que l'*intention* des pétitionnaires avait été de remettre en question si le régicide est un crime; mais cette allégation tomba d'elle-même, comme étant le rêve d'une imagination malade : comment, en effet, serait-ce rentrer dans la question que M. Benoist est venu soulever avec tant d'indiscrétion, de demander que l'on en revienne à *l'exécution de la Charte*, qui déclare *la personne du Roi sacrée et inviolable* ? La Charte a fixé les destinées du peuple et du Roi ; elles y sont inséparablement liées ; sa majesté l'a dit, les bons citoyens ne cessent de le répéter : n'allons donc pas chercher, dans des invraisemblances et des chimères, les moyens de rejeter une demande qui est *juste*, puisqu'elle repose *sur la Charte*, qui ne pourrait demeurer violée sans que la France se trouvât, de nouveau, exposée aux plus grands malheurs.

Le 26 juin, M. Magnier-Grandprez fit un rapport sur six nouvelles pétitions qui étaient arrivées à la chambre, et qui tendaient au même but que les vingt-sept, sur lesquelles l'ordre du jour du 17 mai avait été prononcé : le rapporteur prit des conclusions dans le même sens.

Espérait-on parvenir, par le moyen de ce nouveau rapport, à engager M. Bignon à divulguer son secret ? Si la chose était ainsi, l'on aurait mal connu l'honorable député, qui savait très-bien qu'il aurait à parler devant les mêmes hommes; qu'il aurait à combattre les mêmes préventions qui avaient dicté l'ordre du jour du 17 mai : il dut donc garder le *silence*, et il le garda.

Cependant, le nouvel ordre du jour provoqué par le rapporteur de la commission, ne fut pas prononcé, sans que, sur la demande d'un certain nombre de députés, cet ordre du jour eût été mis aux voix: les députés qui l'exigèrent, n'eurent, en cela, d'autre objet; que de faire constater leur opposition à ce que la Charte demeurât plus long-temps violée.

Ce fut un mauvais service que la commission rendit à M. Magnier-Grandprez, en le chargeant de ce rapport; car il est certain que l'ordre du jour qu'il proposa, lui fut un titre d'exclusion, pour sa réélection comme député; ce qui est une nouvelle preuve de *cette opinion publique*, que l'on voudrait en vain se dissimuler, et à laquelle il faudra bien que, quelque jour, on finisse par rendre hommage.

TROISIÈME PARTIE.

Réponses aux nouvelles objections qui ont été faites à l'appui de l'ordre du jour du 17 mai 1819.

Quelques écrivains se sont évertués à prodiguer les sophismes, pour justifier l'ordre du jour injustifiable du 17 mai; mais de cela seul, que les ministres et les députés n'ont pas cru pouvoir s'en aider, il résulterait déjà, d'une manière suffisante pour tout esprit non prévenu, qu'ils en ont reconnu le peu de fondement.

Cependant, et comme dans une matière aussi grave, les raisonnemens les plus absurdes trouvent toujours quelques partisans, nous n'en laisserons aucun sans en faire la réfutation complète.

I. On a dit d'abord, qu'en *commandant l'oubli du passé*, Sa Majesté n'avait pas amnistié *l'acceptation de l'acte additionnel :* mais de cette proposition, qui est vraie en elle-même, l'on ne peut en conclure que, *tout le passé n'ait pas été amnistié* : aussi M. le garde des sceaux a-t-il été forcé de convenir que *TOUT LE PASSÉ avait été couvert d'un voile ABSOLU*.

L'adjectif *absolu* ne présente et ne peut présenter *qu'une seule idée vraie*, que tous le grammairiens ont rendue par ces mots : *souverainement, entièrement, sans rapport.*

Ainsi donc, plus à revenir sur le *passé*, puisque ce passé a été jugé *souverainement*, *entièrement et sans rapport.*

Si *l'acceptation de l'acte additionnel* constituait un délit, il pouvait, sans doute, en être fait des *poursuites*; mais sans que l'on pût y rattacher *le passé*, sur lequel il avait été *irrévocablement* prononcé; et les poursuites auraient dû se faire *légalement*; c'étaient les *seules* qui fussent autorisées par l'article 5 de l'ordonnance du Roi du 24 juillet 1815, conforme, sur ce point, à l'article 4 de la Charte.

Le fait, d'ailleurs, d'avoir accepté l'acte additionnel aurait été un délit commun à quatorze cent mille Français; et la justice qui doit toujours tenir la balance égale, aurait dû les poursuivre tous, ou n'en poursuivre aucun.

II. On a dit, en second lieu, que les ministres et les orateurs de la chambre des députés, auraient pu se placer *sur le terrain de la Charte*, et établir avec facilité, que la loi du 12 janvier est *constitutionnelle ;* mais si les ministres et les orateurs de la chambre auraient pu s'y placer, pourquoi ne l'ont-ils pas fait? Pourquoi M. le garde des sceaux, dans l'impossibilité où il s'est vu de le faire d'une manière avantageuse, a-t-il été contraint, pour fonder son système, de supposer que les *intérêts moraux* devaient *dominer les principes?* Son excellence aurait-elle été réduite à s'appuyer d'un semblable paradoxe, si la Charte avait pu lui prêter son secours?

Mais, continue l'auteur de cette admirable découverte, les ministres et les orateurs de la chambre, auraient au moins pu soutenir, que l'article 11 de la Charte n'était qu'une loi *d'amnistie*, que dès lors elle ne pouvait être invoquée par ceux qui avaient renoncé à son bienfait.

Nous avons établi, dans la première partie de cet ouvrage, que l'article 11 de la Charte, n'avait pas été une simple loi *d'amnistie ;* qu'il avait été une *transaction* passée entre le trône et la nation, pour s'assurer d'un avenir; et en cela, nous avons l'avantage de n'avoir parlé que le langage de M. le garde des sceaux lui-même, qui a reconnu que l'article 11 de la

Charte avait été une véritable *transaction politique* (1), qui ne peut évidemment être considérée *comme un simple simulacre de garantie.*

Mais ne dût-on considérer l'article 11 que comme *une loi d'amnistie*, cet article de-

(1) M. le garde des sceaux n'a dit en cela que ce que disait la Charte elle-même, dans son préambule. Après avoir annoncé que le premier besoin de ses sujets étant la paix, elle avait dû s'en occuper sans relâche, qu'enfin elle était signée; Sa Majesté ajouta qu'une Charte constitutionnelle *était sollicitée* par l'état actuel du royaume : *nous l'avons promise*, continua Sa Majesté, *et nous la publions*.... Nous avons reconnu que *le vœu de nos sujets* pour une Charte constitutionnelle, *était l'expression d'un besoin réel*.... Nous en avons cherché les principes *dans le caractère français* et dans les monumens vénérables des siècles passés..... *Nous avons effacé de notre souvenir*, comme nous voudrions les effacer de l'histoire, *tous les maux qui ont affligé la patrie pendant notre absence*.... *Le vœu le plus cher à notre cœur*, c'est que *tous les Français vivent en frères*, et que, *jamais aucun souvenir amer ne trouble la sécurité* qui doit suivre l'acte solennel que nous lui accordons aujourd'hui... Sûrs de nos intentions, forts de notre conscience, *nous nous engageons*, devant l'assemblée qui nous écoute, *à être fidèles à cette Charte constitutionnelle*, nous réservant *d'en jurer le maintien*, avec une nouvelle solennité, devant les autels de celui qui pèse dans la même balance *les rois et les nations*.

vrait du moins produire les *effets* d'une *amnistie ;* et *l'effet nécessaire* de l'amnistie, lorsqu'elle a été accordée sans *condition* ni *restriction*, est de mettre *l'amnistié* à l'abri de toutes *poursuites*, pour raison des faits amnistiés : c'est autant et plus même qu'un jugement d'*acquit ;* car, après un jugement d'acquit, on peut encore se *rappeler* que l'individu qui en a été l'objet, a été traduit en justice, pour le fait dont il a été acquitté, tandis que *l'amnistie* ne permet pas même *que l'on se rappelle du fait amnistié*, lorsque *l'oubli en a été commandé* par *l'acte même d'amnistie ;* ce qui est l'espèce particulière dans laquelle se trouvent les proscrits.

III. On dit qu'en acceptant l'acte additionnel, les individus compris dans la disposition de l'article 7 de la loi du 12 janvier 1816, ont *renoncé* à l'amnistie, que l'article 11 de la Charte avait prononcée en leur faveur : mais pour que cette objection pût être de quelque force, il faudrait qu'il fût établi qu'un amnistié peut renoncer au bienfait de l'amnistie, et ce serait la chose impossible. Il n'est pas plus permis à l'amnistié de renoncer à l'amnistie, qu'il ne peut l'être à l'accusé de renoncer au bénéfice de l'arrêt qui a prononcé son acquittement. *Non auditur perire volens*: on ne pourrait d'ailleurs admettre de renonciation *implicite* à des droits de cette importance.

IV. On a dit que l'article 11 de la Charte n'accordait qu'une amnistie *conditionnelle!* *Mais ne commandait-elle donc pas l'oubli du passé aux tribunaux et aux citoyens?* et ne le leur commandait-elle pas, de la manière *la plus absolue*; sans y mettre *ni condition ni restriction?*

V. On a voulu placer les amnistiés par l'article 11 de la Charte, dans la catégorie de criminels qui, s'étant réfugiés dans un lieu d'asile, l'auraient abandonné; pour en tirer la conséquence que, comme le criminel, en pareil cas, pourrait être poursuivi, jugé et condamné, il faut en dire de même des amnistiés, par cet article 11.

Si le criminel qui, s'étant retiré dans un lieu d'asile, vient à l'abandonner, peut être recherché, c'est qu'il ne se trouvait à couvert des poursuites de la justice, qu'autant qu'il ne l'abandonnerait pas; c'était la condition *sine qua non*; tandis que les individus qui ont été amnistiés, *sans condition ni restriction*, n'ont plus à redouter aucunes poursuites légales, à raison du fait amnistié, quelque chose qui puisse arriver.

VI. Autre objection; la loi du 12 janvier 1816 fut plutôt un acte de *souveraineté* que l'application d'une peine, et un pareil acte ne rentre pas moins dans le droit des nations, que le droit de chasser des êtres incommodes de sa propriété.

Nul n'a le droit de chasser de sa propriété, les êtres même les plus incommodes, lorsqu'il s'est obligé de souffrir toutes les incommodités de leur voisinage; car ce qui est de simple *faculté* dans le principe, devient de *nécessité*, lorsque l'on a contracté l'engagement de le faire.

Sa majesté aurait pu sans doute ne pas accorder l'amnistie prononcée par l'article 11 de la Charte; elle aurait pu ne l'accorder que conditionnellement; mais sa majesté l'a proclamée; elle l'a proclamée *sans condition*, elle ne l'a même accordée que, par suite d'une *transaction politique*, que les circonstances semblaient rendre nécessaire.

La souveraineté elle-même a des bornes qu'elle ne peut franchir; et, sous un gouvernement constitutionnel, ces bornes se trouvent posées *dans le pacte social*, qui est la loi commune.

Il ne peut-être question d'acte de *souveraineté*, pour juger les individus, lorsqu'il y a des tribunaux constitutionnellement établis. Si toute justice émane du Roi, elle doit être administrée en son nom, par des tribunaux, qui constituent un pouvoir indépendant (1).

---

(1) Par quel article de la Charte, la *puissance législative* a-t-elle été investie du droit de *souveraineté*? ses pouvoirs y ont été minutieusement analysés, et l'on n'y trouve nulle part, qu'aucune espèce de *dictature* lui ait été conférée. La chambre des députés de 1815, n'avait pas, non plus, reçu de ses commettans, des *pouvoirs illimités* ; elle n'en avait pas d'autres que ceux qu'elle tenait de la Charte, et la Charte ne lui en avait pas donné pour la détruire. L'adhésion que les deux autres branches de la puissance législative donnèrent à la proposition faite par la chambre des députés, ne put produire l'effet de suppléer au pouvoir que cette chambre n'avait pas. La puissance législative, telle qu'elle est organisée par la Charte, n'est pas un corps *constituant*, et il faudrait qu'elle eût ce caractère, pour qu'il lui fût permis de changer la Charte, dans la *moindre* de ses dispositions ; à plus forte raison, dans ses dispositions *principales*. La puissance législative aurait même ce pouvoir destructif de nos institutions, qu'elle n'aurait pu en user, dans les circonstances, à l'effet de priver *des tiers*, de droits qui leur étaient *irrévocablement acquis*. Une amnistie qui a été accordée

On a bien allégué que la proscription qui a été prononcée par l'article 7 de la loi du 12 janvier, n'est pas une véritable *peine ;* mais si ce n'est pas une peine, dans le sens qu'elle ne se trouve écrite dans aucun de nos codes, ce n'en est pas moins une véritable peine; ou l'on

---

sans condition ni restriction, ne peut être une simple *ombre de garantie;* et il faudrait cependant aller jusque-là, pour couvrir la violation de l'article XI de la Charte, qui fût plus même qu'une amnistie, sans condition ni restriction ; puisqu'il ne fut que le résultat d'*un contrat sinallagmatique* passé entre la nation et le Roi; d'*une transaction politique* que commandait l'état des choses, et sans laquelle, on aurait pu craindre le renouvellement de nos discordes civiles. Aussi, sa majesté n'a-t-elle pas hésité de qualifier l'article XI, l'un *des plus importants* de la Charte, et s'est-elle opposée avec force à ce qu'il fût violé. Si, de guerre lasse, sa majesté consentit enfin de sanctionner l'amendement de l'art. 7 de la loi du 12 janvier, ce ne fut que sur *l'erreur aujourd'hui reconnue*, qu'elle ne faisait que céder au *vœu général.* La nation a constamment *voulu*, elle *veut* et *voudra toujours* le maintien religieux de la Charte, dans toutes ses dispositions ; elle sait que c'est l'unique planche de salut qui lui reste ; que si la Charte est le *palladium* de la liberté publique, elle est aussi le plus ferme appui du trône ; que l'on ne peut porter atteinte à l'une, sans porter atteinte à l'autre ; d'où suit, qu'elle ne peut désirer aucun changement, qu'elle veut conserver *ce qui est*, *tout ce qui est.*

pourrait dire, avec autant de raison, que condamner au feu, à la roue, ce ne serait pas infliger une peine, parce que le feu ni la roue, ne se trouvent plus écrits comme peines, dans les lois françaises.

VII. MM. du *Conservateur*, malgré toute leur bonne volonté, n'ont pas cru pouvoir aller aussi loin : suivant eux, la proscription qui a été prononcée par l'article 7 de la loi du 12 janvier est bien une peine; mais ont-ils dit, c'est celle de *l'ostracisme*, que la puissance législative avait bien fait d'*implanter* en France.

On pourrait accorder que la puissance législative aurait eu le droit *d'implanter l'ostracisme en France*, sans que l'on pût en tirer aucun argument pour le maintien dudit article 7 ; car, dès que la puissance législative se mettait à la place des tribunaux, pour juger les proscrits, elle devait du moins les juger d'après les lois *existantes*, et l'*ostracisme* ne fut *jamais* connu en France; ce que le *Conservateur* avoue de la manière la plus formelle, en disant que la puissance législative avait bien fait de l'y *implanter*, à l'époque du 12 janvier.

Rien ne ressemble moins, au reste, à l'ostracisme que la proscription prononcée par l'article 7 de la loi citée. Quel fut, en effet, l'ostracisme chez les anciens? de quelles formalités, le jugement qui le prononçait, devait-il être accompagné? Le peuple était assemblé; chaque individu donnait sa voix; et dans les républiques les moins populeuses, il fallait six mille suffrages et plus, pour que l'ostracisme pût être prononcé. Jamais, il ne pouvait l'être pour plus de dix années; souvent il l'était pour un temps moins long : il était toujours révocable. Qu'a fait au contraire la loi du 12 janvier 1816? Elle a prononcé la proscription *à perpétuité* des individus qui se trouvent atteints par son article 7; et elle l'a prononcée à une très-faible majorité. Qui maintenant l'a prononcée? des hommes qui n'en avaient pas reçu le *mandat* ni de la Charte, ni des vingt-huit millions de citoyens qu'ils se chargeaient de représenter.

Le reproche le plus vif que l'on ait fait à la convention nationale, a été de s'être rendue *juge et partie :* nous n'avons pas à examiner si ce reproche est fondé; mais comment la chambre des députés a-t-elle pu se décider à encourir elle-même un pareil reproche? N'était-ce pas elle qui avait dénoncé les individus qu'elle proscrivit par son amendement de l'article 7?

Vainement dirait-on que la loi du 12 janvie fut l'ouvrage des trois branches de la puissance législative; du moment que la chambre des députés, qui s'était rendue dénonciatrice, en constituait une partie intégrante et nécessaire.

VIII. Le gouvernement voyant, dit-on encore, que la France se trouvait chargée de la présence de ces *étrangers*, en parlant des *proscrits*, a pu prononcer contre eux, l'*alien bill*.

Si la qualification d'*étrangers* pouvait être donnée à quelques français, ce serait nécessairement à ces *Anglomanes* du jour, qui ne cessent de répéter à tout propos, les mots *d'alien bill*, de *bills d'indemnité*, *d'habeas corpus*, et autres du même genre; et non pas à des citoyens que l'on est forcé de convenir avoir *illustré* la France par leurs *talens* et leurs *services :* on croirait, à entendre ces messieurs, que la France est retombée sous le règne du malheureux Charles VII, lorsque les Anglais dictaient des lois jusque dans Paris.

Mais on veut absolument trouver une *excuse* à une violation trop manifeste de la Charte, pour qu'elle puisse en comporter aucune; et il faut bien se livrer, en conséquence, aux suppositions les plus absurdes.

IX. On a dit que l'article 11 de la Charte ne lui tient que par *adhérence;* que cet article étant purement *réglémentaire*, on a pu le violer, sans que l'on puisse en conclure que la Charte a été réellement violée : mais, l'article 11 ne tiendrait à la Charte que par adhérence, il n'aurait été que simplement réglémentaire, qu'il n'en ferait pas moins une partie *intégrante* de la Charte, que ce n'en serait pas moins un article *constitutionnel*, et même un des *plus importans*, qui aurait été violé.

La Charte a, d'ailleurs, soigneusement distingué les articles *transitoires* des articles *constitutionnels;* et l'article 11 se trouve placé dans le rang de ces derniers : il n'y eut de *transitoires* dans la Charte, que les articles 75 et 76; et la Charte eut grand soin de les distinguer parcette indication.

Mais l'article 11 n'aurait-il tenu que par adhérence à la Charte, que son caractère devrait être apprécié, d'après l'état où se trouvaient les choses, à l'époque du mois d'avril 1814; et en remontant à cette époque, il est impossible de ne pas lui reconnaître un caractère irrévocable, puisqu'il fut une des bases principales de l'établissement du gouvernement qui nous régit.

Si l'article 11 fut réglémentaire, ce ne fût que dans le sens, qu'il ne pouvait recevoir son application qu'à la génération actuelle; mais dans ses rapports avec cette génération, il renfermait une disposition *absolue* et aussi respectable, que celle de tous les autres articles de la Charte.

Aussi cet article 11 fut-il sanctionné, comme le furent tous les autres, et sans aucune restriction, par les sermens les plus solennels.

Mais l'article 11 de la Charte ne s'y trouverait-pas même écrit, qu'il suffirait de la violaon de l'article 4, pour nécessiter le rapport de la loi du 12 janvier, puisque, aucune des formalités prescrites par la loi ne fut observée dans la poursuite et le jugement des individus qui furent atteints par cette loi.

Qui pouvait mieux savoir, que Sa Majesté, quel était le véritable caractère de l'article 11 de la Charte? et Sa Majesté a-t-elle varié, un seul instant, dans sa manière de l'envisager? En commandant l'oubli du passé, sans y mettre de réserve, sa majesté voulut rassurer les citoyens, sur leurs plus chers intérêts ; interdire le souvenir de tout ce qui aurait pu rappeler l'idée de nos discordes civiles.

On aperçoit aisément, qu'en insistant pour que l'article 11 de la Charte reste impunément violé, on veut en venir à en violer d'autres par la suite, avec la même impunité, en cherchant à leur imprimer, comme à l'article 11, un caractère simplement réglémentaire ?

« Tel est l'effet d'une aveugle passion, a « dit un sage, on cherche avec *subtilité*, « toutes les raisons qui la favorisent ; et on « *se détourne* de voir toutes celles qui la con- « damnent : *on n'est plus ingénieux que pour* « *se tromper.* »

Les hommes qui ont toujours à la bouche le mot de religion, et le fiel dans le cœur, ne mettront-ils jamais en pratique, ces belles paroles de notre divin maître : *Ego autem dico vobis, diligite inimicos vestros?*

XI. On a parlé *de trouble et de scandale* occasionés par les pétitions ; mais s'il y a eu trouble et scandale, n'en trouve-t-on pas la source dans la motion que fit M. de Corbières à la chambre des députés, d'amender de l'article 7, le projet de loi du 12 janvier 1816 ? Ne la trouve-t-on pas dans les vociférations dont cet amendement devint le prétexte ; dans la ténacité que mit la chambre à voter cet amendement, malgré l'opposition formelle du Roi, et celle des meilleurs citoyens (1) ?

Si le trouble et le scandale se renouvelèrent le 17 mai 1819, qui les amena ? Il n'y en avait eu aucuns à la chambre des pairs, lorsqu'elle avait eu à délibérer sur le même objet ? S'il y eut trouble et scandale, ce fut parce qu'il y avait des personnes intéressées à ce qu'il y en eût ; et ces personnes n'étaient pas certainement les pétitionnaires : une bonne cause se défend avec de bonnes raisons ; ce n'est, que lorsque l'on a les principes à combattre, que l'on cherche à fatiguer l'attention de ses auditeurs, et à leur en imposer, par cette tactique insidieuse.

XII. On se rejette sur les *convenances*, comme s'il pouvait y en avoir de plus fortes, que *le maintien du pacte social* ; et comme si toutes les autres ne devaient pas lui être subordonnées !

Les convenances, sans doute, doivent être ménagées ; mais ce n'est pas y manquer que de suivre l'impulsion qu'a donnée

---

(1) Paroles de M. le garde des sceaux.

sa majesté elle-même, que de faire ce que Sa Majesté *a commandé de faire*; que de le faire *par les voies légales*, et dans les termes les plus *respectueux*.

Les pétitionnaires ont-ils fait autre chose ? Ne fut-ce pas *aux chambres* qu'ils adressèrent *leurs supplications* ? La Charte *ne les y autorisait-elle pas* ? L'avaient-ils fait dans des termes *irrespectueux* ? Sa majesté n'avait-elle pas *commandé l'oubli du passé* ? N'avait-elle pas insisté fortement *sur le rejet de l'amendement de l'article* 7 au projet de loi du 12 janvier 1816 ?

Si les convenances ont été blessées, par qui donc l'ont-elles été ? N'est-ce pas par ceux-là même et par ceux-là *seuls*, qui se sont mis *en opposition formelle* avec la *Charte*, avec la *volonté* du Roi, avec leurs *sermens* les plus solennels ?

Lorsque la chambre des députés recevait, par acclamation, un des proscrits que le premier prince du sang venait de proclamer membre de cette chambre : lorsque ses collègues se pressaient dans ses salons ; lorsqu'ils se regardaient honorés d'être ses commensaux, croyaient-ils manquer aux convenances? Et si ce n'était pas alors y manquer, comment serait-ce y manquer aujourd'hui que de rapporter les articles inconstitutionnels de la loi du 12 janvier, qui a proscrit cet ancien collègue, et les autres individus de la même catégorie ?

Manquer aux convenances, c'est propager les haines, et non pas chercher à les éteindre ; c'est les propager sans utilité pour la chose publique ; c'est les propager, pour assouvir ses passions, au danger même de mettre en péril le trône et la liberté nationale : c'est les respecter, au contraire, que d'être religieux observateur de ses sermens ; que de prendre pour règle de sa conduite, ce qui peut assurer le bonheur du peuple, la stabilité du trône et la tranquillité publique.

La dignité du trône consiste principalement, dans la fidélité à remplir les engagemens, que le trône a contractés ; comme le sentiment national repose sur une loyauté franche, qui ne permet pas de revenir sur des promesses faites volontairement, en connaissance de cause, et lorsque, surtout, l'on en a recueilli le fruit.

XIII. On a dit que, *depuis long-temps*, les proscrits auraient revu la patrie qu'ils ont *illustrée*, si de faux amis, en *ordonnant* au gouvernement la miséricorde, ne l'avait forcé de n'écouter que la loi.

Si, depuis long-temps, les proscrits auraient revu leur patrie, dans le cas, où de faux amis n'auraient pas *ordonné*, au gouvernement, la miséricorde; la conséquence nécessaire à en tirer, c'est que leur rappel *n'est pas contre les convenances*, c'est qu'il ne peut attentér à la dignité du trône, ni au sentiment national.

Mais où a-t-on pris que l'on ait *ordonné*, au gouvernement, la miséricorde? *Ordonne-t-on*, lorsque l'on fait de simples *supplications?* Et d'ailleurs le zèle, même outré, que l'on aurait pu manifester, pour le rappel des proscrits, aurait-il été un motif raisonnable de refuser, *ce que la justice commande?*

Pourquoi toujours raisonner d'ailleurs dans une hypothèse qui n'est pas celle de la cause? Il s'agit moins ici *du rappel des proscrits*, que *du rapport d'une loi inconstitutionnelle*.

La Charte doit-elle rester impunément violée? C'est la véritable, l'unique question à résoudre.

XIV. L'ordre du jour, du 17 mai, a mis empêchement, continue-t-on, *au triomphe de la faction*, qui cherchait à décréditer la clémence royale, *en essayant de lui faire violence.*

Ce n'est pas l'ordre du jour du 17 mai, qui a mis empêchement au triomphe d'une faction; mais l'ordonnance du 5 septembre 1816, qui déclarait dissoute la chambre des députés de 1815, et *qu'aucun article de la Charte ne serait revisé.*

N'est-ce pas faire abus des mots de supposer que c'est chercher à décréditer la clémence royale, que c'est essayer de lui faire violence, que de s'adresser au gouvernement, pour obtenir ce que le trône a promis; ce qu'il a promis, par l'acte le plus solennel, et sur la foi sacrée du serment?

Qui cherche à décréditer la clémence royale; qui cherche à faire violence au gouvernement, de ceux qui se bornent à réclamer l'exécution de ses promesses, ou de ceux qui s'opposent à ce que ses promesses reçoivent leur exécution?

Quelle époque devaient donc attendre les pétitionnaires, pour demander le rapport des articles inconstitutionnels de la loi du 12 janvier 1816, si les *quatre années*, qui s'étaient écoulées, n'étaient pas encore suffisantes pour les y autoriser? S'ils ont été des *factieux* pour avoir réclamé l'exécution de la Charte après un aussi long espace de temps, le même reproche aurait pu leur être fait, lorsqu'ils auraient attendu, six, douze, vingt, trente ans; et pour n'être point des factieux, il aurait dès lors fallu ne *jamais* solliciter le retour aux principes constitutionnels ?

XV. L'assommant *Moniteur* a voulu dire aussi son mot; on y lit que : « Si les ministres « avaient accueilli ou secondé les pétitions; « dès le lendemain, la majorité de la France « se serait réunie aux *ultra*. »

Peut-il y avoir de la bonne foi à supposer que la majorité de la France, puisse avoir seulement la pensée de se réunir aux *ultra*; à cette classe d'individus, qui ne rêvent que la dissolution du corps social, que le rétablissement de tous les abus? Quel intérêt pourrait avoir la majorité de la France à cette réunion? Combien au contraire de dangers n'en résulterait-il pas pour elle? Ne faudrait-il pas, qu'elle fût aussi stupide que folle, pour que la seule idée pût lui en venir?

Jamais, non, *jamais!* la majorité de la France ne se réunira à la faction oligarchique; *jamais* elle ne reprendra volontairement des fers, qu'elle a si long-temps et si injustement portés ; *jamais* elle ne fera cause commune avec les *ultra*. Un peuple ne se remet pas, de gaîté de coeur, en esclavage; l'égalité des droits, est encore d'un plus grand prix pour les Français, que la liberté : la majorité de la France ne peut vouloir le rétablissement des priviléges ; elle n'aura pas combattu trente ans, pour se soustraire à la tyrannie des oligarques, et vouloir s'y soumettre de nouveau.

La majorité de la France, ne veut pas plus rentrer sous la terreur de 1815, qu'elle ne veut rentrer sous celle de 1793 : elle n'a pas de vengeances à exercer; elle n'a pas de priviléges ni de droits féodaux à recouvrer; elle sait trop ce qu'il lui en coûterait de se remettre sous la dépendance des *ultra* : la conduite qu'ils tinrent en 1815 a donné la mesure de ce qu'ils feraient, si le pouvoir pouvait être replacé dans leurs mains.

La France sait que, hors de la Charte, il n'y a pour elle, aucun bonheur à espérer. Si les *ultra* ne craignent pas la *contre-révolution*, la France la redoute, parce qu'une contre-révolution ne pourrait être qu'une révolution nouvelle, et qu'elle ne veut plus de révolution. Comment donc pourrait-elle se réunir aux *ultra?* à ces *ultra*, qui seraient prêts à sacrifier la France entière à leur ambition, lors même qu'elle devrait être la proie de l'étranger, ou qu'elle devrait périr sous les poignards de la guerre civile ?

Encore une fois, non! *jamais*, la majorité de la France ne se réunira aux *ultra*, tant qu'ils travailleront au renversement de nos institutions. Qu'ils redeviennent citoyens ; qu'ils oublient les torts qu'ils reprochent aux autres, s'ils veulent faire oublier les leurs : c'est le conseil de la sagesse, qu'ils ont, jusqu'ici, trop long-temps méconnue. Que deviendraient-ils, s'ils parvenaient à détruire la Charte; s'ils se trouvaient réduits à leurs faibles moyens? La Charte et le Roi, ce tout *indivisible*, est seul capable de les protéger : ils appellent à leur secours, l'anarchie et le despotisme; mais ont-ils mesuré la profondeur de l'abîme où ils voudraient nous conduire et s'ensevelir avec nous?

L'honneur, le devoir, leurs sermens obligent les *ultra*, comme les autres citoyens, à se mettre sous l'égide salutaire de la Charte et du Roi : hors de là, il ne peut y avoir que révolutions, que misères à attendre, que dissolution du corps social.

XVI. On a dit, enfin, que les gouvernemens ne doivent pas faire de pas *rétrogrades;* ce qui ferait supposer, que les gouvernemens ne peuvent pas prendre *de fausses mesures;* et l'histoire prouve à toutes les pages, que l'on ne peut faire une pareille supposition.

Si, lorsque les gouvernemens se sont écartés de la véritable route, ils ne devaient pas revenir sur leur première détermination, il s'ensuivrait qu'ils seraient souvent obligés de courir volontairement à leur perte; et s'ils sont forcés d'en revenir, dans l'intérêt de leur propre conservation, c'est surtout, lorsqu'ils ont entrepris sur les droits imprescriptibles des nations.

La morale des gouvernemens doit être plus sévère encore que celle des particuliers; c'est à eux de donner l'exemple de la morale la plus pure, s'ils veulent qu'elle soit respectée des peuples.

Lorsqu'un gouvernement viole la loi, il invite par-là même, les individus à la violer : il se met dans l'impossibilité de punir les infractions qui peuvent y être faites, car il prononcerait sa propre condamnation, s'il avait le même reproche à se faire.

C'est principalement lorsqu'il y a eu Charte octroyée, jurée, acceptée, que ce pacte doit être observé dans toute sa plénitude, par le gouvernement comme par le peuple; et surtout, lorsque l'on est forcé de convenir que la

Charte est aussi nécessaire au maintien de la famille régnante, que cette famille est nécessaire *au maintien de la liberté publique*; qu'à la Charte sont *essentiellement liées les destinées du peuple et de la famille régnante*; lorsque *l'union du peuple et du Roi est une condition d'existence pour tous les deux* (1).

Loin que les gouvernemens perdent rien de leur considération, en revenant franchement aux voies légales, lorsqu'ils ont eu le malheur de s'en écarter; ils s'honorent au contraire aux yeux des nations; ils impriment une confiance nécessaire à leur administration : tandis que, s'ils persistent avec opiniâtreté, dans les fautes qu'ils ont commises, ce qui les entraîne, presque toujours, à en commettre de nouvelles, ils courent le risque de perdre toute confiance et d'amener des bouleversemens dans l'état : un premier pas fait hors de la direction de la Charte, doit produire nécessairement les suites les plus funestes, lorsque l'on persiste dans cette déviation : on ne déchire pas impunément le pacte sacré des nations; aussi Sa Majesté a-t-elle dit, avec une grande vérité, que : « Quand la violence arrache des concessions

(1) Paroles de l'honorable député Kératry.

« à la faiblesse du gouvernement, la liberté « publique n'est pas moins en danger que le « trône même. (1) Et qui cherche à faire violence au gouvernement? Reportons-nous au 12 janvier 1816, et le problême sera résolu.

Les intentions paternelles du Roi, ses sermens, ceux des princes de sa famille, les intérêts de tous, bien entendus, suffisent pour nous assurer que le gouvernement du Roi ne se laissera pas enchaîner par une faction, dont tous les vœux tendent au renversement de nos institutions. Le gouvernement du Roi se rappellera du péril auquel le trône et la liberté publique se trouvèrent exposés, pour avoir favorisé cette faction, qui ne put être réprimée, que par l'ordonnance du 5 septembre 1816. Une leçon aussi sévère et aussi récente doit, sans doute, être comptée pour quelque chose : l'histoire n'est-elle pas là d'ailleurs pour nous apprendre, ce que l'oligarchie a fait dans tous les temps? lorsqu'à l'aide du trône, sa main s'est appesantie sur les peuples, n'a-t-elle pas toujours fini par dicter des lois au trône même, et par mettre les Rois sous sa tutelle?

---

(1) Préambule de la Charte.

RÉSUMÉ.

Le rappel des proscrits, que l'on s'obstine à présenter comme étant l'unique point à examiner, n'en est que l'accessoire le plus léger : la question qui doit occuper toute l'attention, consiste à savoir, *si l'on peut impunément violer la Charte ;* et mettre, par ce moyen, *le trône et la liberté publique en péril.*

La question ainsi réduite à ses vrais termes, est toute jugée par les amis de la Charte et du Roi ; cependant, elle a été résolue dans un sens absolument contraire, par la Chambre des Députés, en passant à l'ordre du jour, le 17 mai, sur les pétitions tendantes au rapport des articles inconstitutionnels de la loi du 12 janvier.

Comment la Chambre n'a-t-elle pas aperçu les funestes conséquences de sa détermination ?

La Chambre des Députés se croirait-elle

au-dessus des lois ? N'est-ce pas de la Charte *seule* qu'elle tient *tous* ses pouvoirs? lui en a-t-elle donné pour la détruire ?

Quel est le mandat que les députés reçoivent de leurs commettans ? En reçoivent-ils d'autres que de maintenir la Charte dans toute sa pureté ?

Le peuple qui les a nommés, ne leur a pas confié l'exercice du pouvoir judiciaire, il leur a moins encore conféré celui de proscrire les citoyens.

Lorsque les députés outrepassent les termes de leur mandat, ils se rendent nécessairement coupables d'actes arbitraires : ce n'est pas, en traitant leurs commettans de *factieux*, qu'ils pourront *jamais* parvenir à se disculper d'avoir violé le pacte social.

L'*opinion publique*, qui se trouve *en harmonie avec la Charte*, ne peut-être *une opinion factieuse* : c'est déplacer le mot de factieux, c'est l'employer évidemment à contre-sens, que d'en faire une aussi fausse application : mais n'attaquerait-on pas ici les pétitionnaires, uniquement pour prévenir des attaques que l'on redouterait pour soi-même?

Les sermens ne seraient-ils plus que des êtres de raison dont on peut se jouer à son gré? Quel exemple serait-ce donner au peuple?

Si l'on ne peut plus compter sur la foi des sermens, sur quoi pourra-t-on désormais se reposer? Comment la confiance qui est si nécessaire au maintien de la tranquillité publique pourra-t-elle s'établir? Cette confiance ne s'est-elle pas évanouie comme un songe, aussitôt que l'on a vu que la Charte pouvait être impunément violée; que l'on s'est vu traité de *conspirateur* et de *factieux*, lorsque l'on est venu en réclamer l'exécution?

On parle de *considérations*; mais peut-il y en avoir de plus puissantes, que celles qui se puisent dans la Charte, ce vrai *Palladium* de la liberté publique? que celles qui peuvent seules garantir au peuple et au trône, un avenir exempt d'alarmes, de trouble et de révolutions?

La violation impunie de la Charte ne fait-elle pas naître nécessairement la crainte de voir se renouveler des bouleversemens dans l'état? Si quelques individus se trouvent encore seulement aujourd'hui, les victimes de la violation de la Charte, d'autres pourront le devenir demain, avec la même impunité. Un pareil état de chose est-il supportable?

On commence par attaquer la liberté

individuelle ; dans quelques jours, ce sera la liberté publique ; quelques jours plus tard, l'attaque sera dirigée contre les propriétés, contre la liberté des cultes, et d'encore en encore, l'on aura des privilégiés, des droits honorifiques, des commissions judiciaires : où s'arrêtera-t-on ? Pour justifier chacune des nouvelles atteintes que l'on pourra porter à la Charte, on invoquera les *intérêts-moraux*, on dira qu'il doivent dominer les principes.

On s'épuise en vains raisonnemens pour établir une doctrine, qui ne tendrait à rien moins, qu'à la désorganisation totale du corps social. Vainement cherche-t-on à esquiver la difficulté ; elle est tout entière dans ce peu de mots : peut-on *impunément* violer la Charte ? Si elle peut l'être avec *impunité*, il n'y a plus rien de stable dans nos institutions, nous retombons, par la force des choses, en pleine révolution ; nous nous replaçons volontairement entre les deux écueils de l'anarchie et du despotisme.

L'article 11 de la Charte n'aurait été que réglémentaire ; il n'y tiendrait que par adhérence, qu'il n'en devrait pas moins recevoir sa pleine exécution, parce qu'il n'en ferait pas moins une partie intégrante, et qu'il n'en devrait pas moins recevoir son exécution, comme *transaction politique*, ou comme acte d'*amnistie*.

Il est inutile de recourir à l'article 4 de la Charte, pour justifier la demande en rapport de l'article 7 de la loi du 12 janvier, puisque sa majesté a proclamé hautement que l'article 11 de la Charte en est un des articles *les plus importans*; et que par l'article 1er de son ordonnance du 5 septembre 1816, sa majesté a formellement déclaré, qu'*aucun article de la Charte ne serait revisé*.

Si la politique *commandait* en 1814 *l'oubli du passé*, elle ne le *commandait* pas moins impérieusement, et peut-être même, plus fortement encore, en 1815. L'on peut, sur ce point, s'en rapporter à ce que le Roi, les princes, les pairs et les députés en pensaient eux-mêmes à cette époque. Si le Roi, les princes, la chambre des députés, n'avaient pas voulu donner *un gage de plus*, en 1815 *qu'en* 1814, de l'entier *oubli du passé*, l'un des individus, qui fut depuis proscrit par l'article 7 de la loi du 12 janvier, aurait-il été nommé l'un des ministres du roi ? Aurait-il été proclamé membre de la chambre des députés par le premier prince du sang? Aurait-il été admis, sans aucune opposition, membre de cette chambre? Si l'on avait pensé que sa présence et celle des autres proscrits, pour la même cause, fût une considération *de mort* pour la société, qu'elle eût blessé la dignité du trône et le sentiment national, aurait-on donné au nouvel élu de pareilles marques de confiance?

Ce n'est pas lorsque *le moment du danger est passé*, que l'on doit revenir sur des concessions, faites volontairement, *pour y échapper*.

On veut que la Charte *demeure violée*; mais comment ne pas se rappeler que les funestes événemens de 1815 prirent leur source dans sa violation, et qu'ils n'en furent que le triste résultat? Comment, en employant les mêmes moyens, ne craint-on pas qu'il en résulte des effets aussi désastreux?

Peut-on se dissimuler quelles ont été les suites immédiates et nécessaires de l'ordre du jour du 17 mai? Toutes les bourses ne se sont-elles pas, au même instant, fermées? Le commerce n'a-t-il pas été anéanti? les mutations de propriétés ne sont-elles pas devenues presque absolument nulles? la stupeur n'a-t-elle pas remplacé la confiance?

Craindrait-on de blesser l'amour-propre

de la chambre de 1815? L'amour-propre de quelques individus peut-il être mis dans la balance, avec le salut de ving-huit millions d'hommes? Faut-il, pour sauver l'amour-propre d'une chambre dissoute, *mettre en péril le trône et la liberté publique?*

Fasse la providence, qui veille sur la France, que les yeux ne s'ouvrent pas trop tard, pour la sauver du danger qui la menace!

Pourquoi M. de Corbières et ceux de son parti ne craignent-ils pas la *contre-révolution?* C'est que la contre révolution serait une *révolution;* et qu'ils auraient l'espoir, mal fondé sans doute, qu'une nouvelle révolution ramenerait avec elle les anciens abus; mais la France a fait de trop grands sacrifices pour qu'elle en souffrît le retour.

La France, si l'on en excepte quelques milliers de personnes intéressées, veut la Charte et le Roi; elle la veut telle qu'elle est: elle ne veut ni lettres de cachet, ni priviléges, ni droits féodaux, ni commissions judiciaires, ni confiscation, ni la résurrection des abus de l'ancien régime; et la France le veut ainsi, sur l'assurance que lui donne la parole sacrée du Roi, colosse, contre lequel viendront se briser toutes les prétentions d'une minorité, qui devrait être honteuse de sa faiblesse.

La raison doit toujours finir par avoir raison, et la raison est dans la Charte.

FIN.

IMPRIMERIE DE MADAME JEUNEHOMME-CREMIÈRE,
RUE HAUTEFEUILLE, N° 20.

www.ingramcontent.com/pod-product-compliance
Ingram Content Group UK Ltd.
Pitfield, Milton Keynes, MK11 3LW, UK
UKHW020332180726
13839UKWH00002B/678

9 782329 155630